LES CHAKRA
comment activer les centres de la force vitale

Laura Tuan

LES CHAKRA
comment activer les centres de la force vitale

De Vecchi

L'éditeur remercie chaleureusement Pascale Albrieux, professeur
de hatha yoga (www.yogattitude.fr) et Philippe Welter, professeur
de yoga Iyengar® (www.yoga-iyengar.asso.fr ; yogaphil@orange.fr)
pour leur précieuse collaboration à cet ouvrage.

Photos de Thomas Dupont (www.orson.fr)
Dessins de M. Ameli

Traduction : Raffaella Ruggeri

Introduction

Des roues, des tourbillons, des nœuds énergétiques invisibles mais essentiels. Les Chakra majeurs, au nombre de sept comme les planètes connues par les anciens observateurs du ciel, sont autant de mondes à découvrir, tous en correspondance avec une note, une couleur, un parfum, une pierre.

Puisque la connaissance de lui-même conduit l'homme depuis les temps les plus reculés, le fait de négliger notre contrepartie subtile, notre composante énergétique, serait une grave erreur. En effet, nous ne sommes pas uniquement composés de chair, de sang et de tissus, mais aussi d'une matière diffuse, impalpable mais irremplaçable : l'énergie qui nous maintient en vie, veille sur toutes nos fonctions vitales et assure un échange actif et constant entre notre ego et le Tout, entre l'homme et l'univers dans lequel il est plongé.

Dans ce sens, les sept Chakra, éléments fondamentaux de l'ésotérisme indien, se présentent comme les lieux privilégiés où a lieu cette interaction – les mêmes que la pensée occidentale, plus attentive à la matière, identifie en tant que plexus nerveux.

Toutefois, il n'est pas suffisant de prouver l'existence des Chakra, de les décrire et de les examiner sous leur aspect philosophique, mythologique et occulte. L'énergie fait partie intégrante de la vie, et comme telle elle doit être utilisée au mieux et entretenue par des exercices, des vocalisations, des couleurs et des parfums correspondants, des aliments adaptés.

À travers l'examen de chaque Chakra, chacun sera en mesure de découvrir quelle phase de la vie il est en train de traverser, les carences et les points forts de son caractère ou les organes et les fonctions vitales les plus faibles ; il pourra aussi mieux comprendre ses préférences dans ses diverses activités, la nourriture, la musique ou les milieux qu'il fréquente. Il ne s'agit pas de changer radicalement son système de vie, mais de l'adapter graduellement aux besoins des Chakra et aux nécessités du moment.

Cet ouvrage se veut surtout un soutien pratique, un guide qui permette d'utiliser de la façon la plus correcte et la plus favorable le courant d'énergie où la nature nous a immergés, en parfait accord avec nous-mêmes, les autres êtres et le cosmos.

1 L'être et le devenir

La matière et l'énergie

« Rien ne se crée, rien ne se perd, tout se transforme », affirmaient les philosophes grecs, considérant l'écoulement des choses ; les sages hindouistes identifiaient ce cycle du devenir par *samsara*.

Suivant les lois de la physique, l'énergie ne se disperse jamais, mais elle se transforme. Derrière l'apparence matérielle de notre corps physique, où certains ne veulent voir que la réalité unique, il y a un complexe de forces énergétiques sans lesquelles le corps ne pourrait pas être en vie, et qui se compose de trois structures différentes : les **corps subtils**, les **Nadhi** et les **Chakra**.

Ce n'est pas un hasard si le chiffre trois est partout présent dans ce qui a trait au divin. Il suffit de penser aux triades divines : Vishnu, Brahma et Shiva dans l'hindouisme ; le Père, le Fils et le Saint-Esprit du christianisme ; Osiris, Isis et Horus dans la religion égyptienne, pour ne pas citer l'homme qui est en même temps esprit, intellect et corps.

Il y a donc trois éléments qui conduisent à la manifestation de la vie à partir de l'unité primordiale et, pour les Indiens, trois qualités *(guna)* dans la substance : *tamas* (obscurité, inertie), *rajas* (mouvement) et *sattva* (équilibre, luminosité). Leur combinaison, lorsqu'elles sont unies deux par deux, génère quatre autres possibilités, correspondant aux éléments cosmiques grecs : **eau**, **terre**, **air** et **feu**. Cela nous amène à un total de sept ou, mieux, de six plus un. En effet, en associant les trois *guna* (*tamas*, *rajas* et *sattva*) dans toutes les combinaisons possibles (*sattva* plus *rajas*, *sattva* plus *tamas*, *rajas* plus *tamas*, etc.), nous arrivons à six, c'est-à-dire, entre autres, le nombre des systèmes philosophiques de l'Inde ancienne et les planètes du système solaire connues par les Anciens, si l'on exclut la terre qui est le point d'observation. Il s'ensuit que les Chakra principaux de l'homme commun sont au nombre de six : Muladhara, Svadhishthana, Manipura, Anahata, Vishuddha et Ajna, car le septième, Sahasrara, appartient à l'illuminé qui a dépassé la condition humaine – tout comme, pour obtenir la septième combinaison, il faut sortir du schéma des accouplements des *guna* et procéder à l'union des trois (*tamas*, plus *rajas*, plus *sattva*).

Chez l'homme, les deux énergies masculine et féminine, yang et yin, qui à la suite de leur interaction sont à l'origine de la vie, se polarisent, avec divers croisements, le long de la colonne. En d'autres termes, nous sommes de grands aimants à quatre pôles, des croix vivantes, sensibles à toutes les lois physiques de l'électricité et du magnétisme, formées de deux polarités horizontales, yin et yang, et deux verticales, la plus élevée et spiritualisée se trouvant au sommet du crâne, la plus basse et dense à la base de la colonne vertébrale. Entre ces deux pôles, caractérisés par un potentiel différent, se trouvent tous les stades intermédiaires, comme les notes d'une gamme musicale, où les notes plus basses sont créées par une vibration plus lente, les plus aiguës par une vibration très rapide.

En pratique, nous sommes traversés par des flux continus d'énergie positifs et négatifs dont les intersections donnent naissance, le long de l'axe vertical de la colonne, à des tourbillons qui tournent dans les deux sens suivant leur polarité. Quand le courant positif, qui afflue d'un côté du corps, croise le courant négatif, il l'entraîne, étant dominant, dans sa direction. Voilà pourquoi chaque tourbillon semble tourner dans le sens contraire par rapport au précédent et au suivant. Bien évidemment, il ne s'agit pas de courants directs mais alternés, similaires au flux énergétique généré par la rotation de la terre autour du soleil de midi à minuit, et en sens opposé de minuit à midi.

Il s'agit de la respiration du cosmos, qui alterne de façon rythmée les cycles nocturnes et les cycles diurnes, de même que l'homme alterne inconsciemment la prédominance d'une narine sur l'autre pendant la respiration. Dans la phase d'inspiration, l'énergie monte vers le haut; dans l'expiration, elle se concentre à nouveau en bas. De cette façon, lorsqu'on respire avec la narine gauche, on met l'accent sur la perception, et quand on respire avec la narine droite, sur l'action. Les Indiens symbolisent ce sys-

tème énergétique complexe par l'image Meru Danda, l'équivalent oriental du caducée de Mercure, la verge autour de laquelle s'entrelacent, en serpent, les deux énergies.

Mais comme nous l'enseigne l'alchimie, tout peut être transformé par une simple modification du rythme vibratoire, du grossier au subtil, du plomb emblématique à l'or pur. Et d'ailleurs, affirme Einstein, qu'est-ce que la matière sinon des pensées qui vibrent à des vitesses inférieures? Il s'agit d'un jeu de magicien vieux comme le monde : matérialiser les objets en ralentissant la vitesse des vibrations de l'énergie de la pensée ou les dématérialiser en l'augmentant. Toute manifestation de la réalité, dont chacune peut être rapportée à quatre catégories, ou tempéraments ou humeurs ou *tattva* (en sanscrit « essence du ceci »), n'est rien d'autre que l'énergie vitale qui œuvre à des rythmes différents; la différence entre un élément et un autre est uniquement due à la différence de vitesse de vibration.

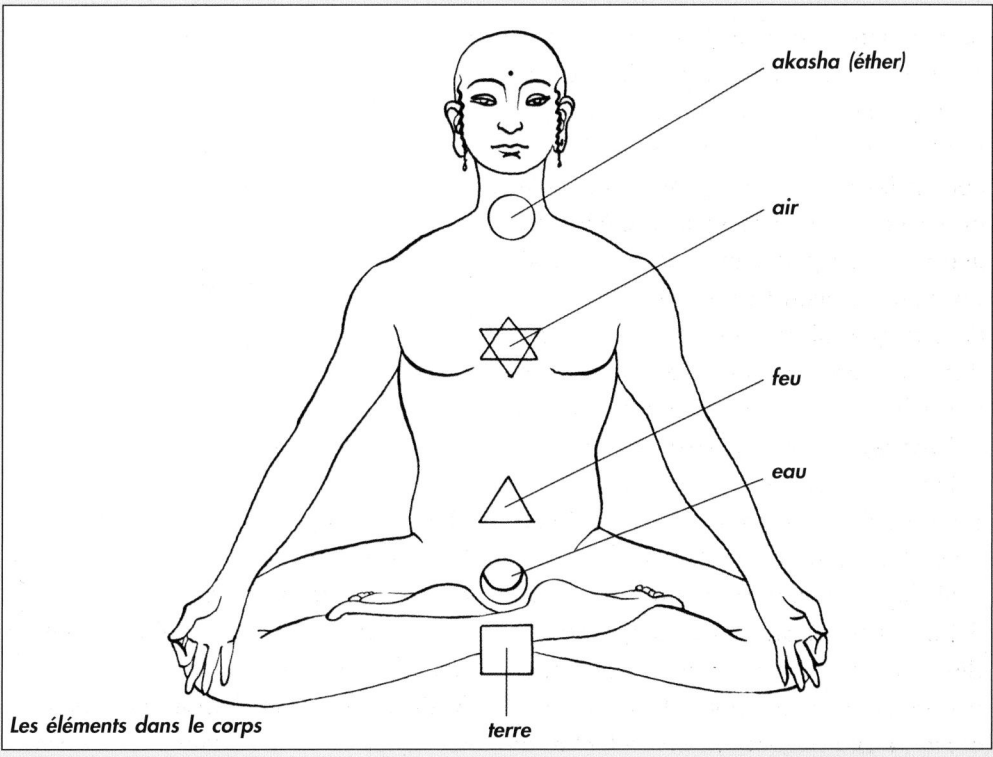

akasha (éther)

air

feu

eau

Les éléments dans le corps

terre

Il suffit de penser à la **terre**, solide, visible, tangible et inerte, incapable de passer à un stade différent, et l'on peut imaginer la lenteur de vibration de ses particules atomiques. Ensuite, il y a l'**eau**, un peu plus rapide du point de vue des vibrations, comme le montrent son manque de forme, sa capacité de s'adapter à tout récipient et de passer, si elle est chauffée, à l'état de vapeur tout en gardant son aspect visible et tangible. Il y a ensuite le **feu** que l'on ne peut pas toucher mais que l'on peut sentir et voir et, enfin, l'**air**, réel mais intangible et invisible. Nous savons qu'il existe, mais nous ne pouvons pas le voir, le quantifier et encore moins le sentir entre nos doigts.

Le flux des *tattva* et la prédominance temporaire de l'un sur l'autre se manifestent dans le ciel à travers les énergies planétaires et du zodiaque, qui se suivent de façon rythmique, et sur terre à travers les cycles des saisons. Ainsi, comme l'enseigne la médecine ayurvédique[1], au printemps domine l'élément air, Vata, lié à la respiration, l'été est la saison de la bile, Pitta, l'automne et l'hiver, humides et froids, celles des humeurs, Kapha. À l'intérieur de ce système de pensée il n'existe pas de bon ni de mauvais, un élément qui vaudrait plus qu'un autre, une couleur, une note, une planète meilleure, car chaque manifestation de

1 Pour de plus amples renseignements, consulter *Soignez-vous par la médecine ayurvédique*, de G. Suryanara, publié par les Éditions De Vecchi.

l'énergie, plus ou moins élevée, a un sens bien précis dans l'équilibre de tout – à condition qu'elle se manifeste sans heurts dans le lieu et l'espace de son action, en parfait accord avec le reste.

Se montrer attentif aux rythmes du ciel et de la terre, codifiés au sein des astres et des saisons, est probablement le premier devoir de tout homme qui désire s'acheminer dans la voie de l'évolution, en harmonie avec le cosmos et les autres êtres.

Les structures énergétiques chez l'homme

■ Les corps subtils

Ce sont les Égyptiens qui nous ont transmis leur conception des corps subtils de l'homme, emboîtés les uns dans les autres, comme autant de poupées russes. En effet, conscients de la survie des corps subtils sur la matière, ils ont mis au point un art funéraire complexe centré sur l'embaumement.

Comme l'a mis en évidence, par des classifications minutieuses, l'école théosophique, les Égyptiens distinguaient le corps physique (Khat) de son ombre (Kha) et ils y ajoutaient l'âme (Ba), l'intellect (Khu) et le cœur (Ab). De même, la pensée tantrique oppose au corps physique les corps éthérique, astral, mental et spirituel.

Le corps éthérique

Semblable par sa forme et ses dimensions au corps physique, il est la source d'où ce dernier puise l'énergie vitale provenant du soleil et toutes les sensations physiques retransmises à travers les Nadhi et les Chakra. Une fois les besoins en énergie de l'organisme satisfaits, il en élimine les excès en flux de 2 cm qui constituent l'aura éthérique, celle qui a été photographiée pour la première fois dans les années 30 par les Kirlian.

L'aura protège le corps physique et empêche les agents pathogènes de l'agresser en repoussant une négativité éventuelle envoyée volontairement par quelques opérateurs de l'occulte. Cependant, à la suite d'un stress, d'erreurs alimentaires ou de pensées et d'émotions négatives, ces filaments peuvent se courber et s'entrelacer au point de former des fissures dans le tissu aurique ; des maladies et des éléments négatifs parviennent alors à pénétrer les barrières de protection et se nichent à l'intérieur du corps, tandis que la sortie de la force vitale, comme l'eau par une fissure, abaisse le niveau énergétique et vibratoire, parfois de façon inquiétante.

Mais il est possible d'intervenir. Il suffit de penser à l'effet thérapeutique de la pensée positive, en mesure de réparer les fissures et de rétablir le tonus énergétique. En outre, le rayonnement des plantes est très proche de celui du corps éthérique (d'où l'efficacité des remèdes thérapeutiques à base d'herbes) et on pourra obtenir une amélioration notable en marchant tout simplement pieds nus sur l'herbe ou en s'asseyant contre un arbre, le dos en appui sur le tronc.

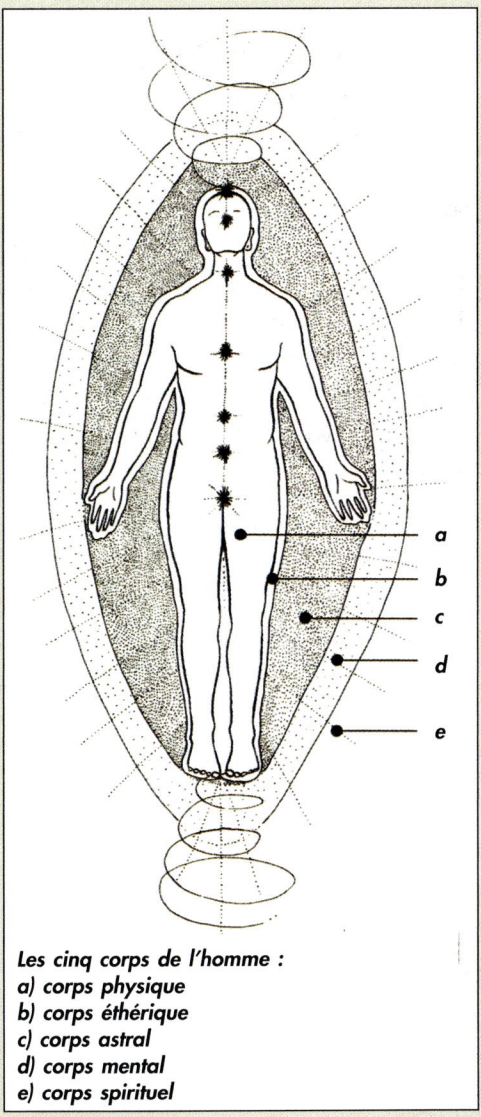

Les cinq corps de l'homme :
a) corps physique
b) corps éthérique
c) corps astral
d) corps mental
e) corps spirituel

Le corps astral

Il s'agit du siège des sentiments, des émotions et des traits marquants du caractère. Son aura est de forme ovoïde et peut dépasser de plusieurs mètres le corps physique : on dit que l'aura de Bouddha s'étendait sur 4 km.

En plus des changements majeurs et constants du caractère, qui peuvent être observés comme des couleurs stables et prédominantes, le corps astral enregistre également les sensations et les émotions les plus passagères.

La plupart des blocages émotionnels, qui remontent à nos vies précédentes et avec lesquels nous devons nous confronter, se situent, au niveau du corps astral, dans la zone du plexus solaire.

13

Le corps mental

Chaque pensée, idée ou perception intuitive dérive du corps mental. Il s'agit d'un anneau ovoïde de matière toujours plus petit, blanc laiteux, chez les individus peu évolués, de plus en plus lumineux et intense au fur et à mesure que le niveau de prise de conscience progresse.

Le corps spirituel

Parmi tous les corps énergétiques, c'est celui qui présente la capacité de vibration la plus élevée. Chez les individus peu évolués, il ne s'étend que sur 1 m à partir du corps physique, alors que l'aura de personnes « éveillées » peut couvrir plusieurs centaines de mètres en prenant la forme d'un cercle parfait. C'est grâce à lui que nous pouvons éprouver un sentiment de communion avec les autres êtres, la nature et l'univers tout entier. Il nous permet de percevoir la présence du divin à l'intérieur et à l'extérieur de nous, en nous faisant participer à son dessein dont nous sommes une partie infime mais toutefois significative. Il est l'étincelle divine qui se trouve en nous, destinée à nous accompagner pendant tout notre parcours évolutif à travers la roue de la renaissance.

Chacun de ces corps, du plus dense au plus subtil, possède des caractéristiques et des fréquences vibratoires spécifiques. L'éthérique, étant plus proche du physique, vibre avec une fréquence très basse ; le corps spirituel, le plus raréfié, a la fréquence la plus élevée.

Mais là encore, il n'y a rien d'immuable ; l'état énergétique des corps subtils peut varier, tout comme leur extension, leur qualité et leur luminosité. Et si les pensées négatives, les peurs, les craintes, les contacts avec des personnes et des milieux de qualité énergétique très basse peuvent avoir une influence négative sur l'état des corps subtils, le développement spirituel de l'individu à travers la pratique des *asana*, des *mantra*, de la méditation, ou tout simplement grâce au contact avec des personnes et des milieux élevés, peut en modifier la fréquence de façon positive.

■ Les Nadhi

Dans ce système énergétique, semblable à une plaine irriguée d'un entrelacement de cours d'eau, les Nadhi (en sanscrit, « veine », « canal ») forment un réseau subtil de canaux de liaison. Leur fonction, en effet, est de canaliser le *prana*, l'énergie vitale que les Chinois appellent *Chi* et les Japonais *Ki*, à travers les diverses structures subtiles de l'homme. Les Nadhi de chaque corps énergétique sont reliés à ceux du corps énergétique contigu : l'éthérique avec l'astral, l'astral avec le mental et ainsi de suite. Voilà pourquoi, quand le corps physique meurt, ses contreparties immatérielles, imprégnées d'énergie vitale à des fréquences plus subtiles, prennent plus de temps à se dissoudre : 3 jours pour le corps éthérique, au moins 3 mois pour l'astral et des années pour les autres.

Parmi les soixante-douze mille Nadhi transmises par la tradition, trois ont une importance fondamentale. Il s'agit du ca-

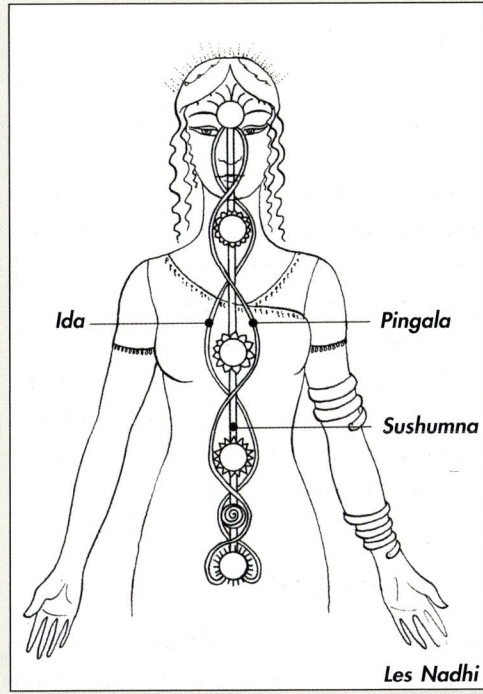

Ida

Pingala

Sushumna

Les Nadhi

soient annulés ; l'énergie envoyée vers le bas est alors obligée de retourner vers le pivot en passant par l'axe du pendule. Voilà le mécanisme du système énergétique des trois Nadhi. Quand Ida et Pingala ont atteint l'état d'équilibre, l'énergie subtile Kundalini remonte le long de l'axe central jusqu'au Chakra supérieur, Sahasrara, la porte vers l'Absolu d'où nous venons.

■ Les Chakra

Dans les textes les plus anciens, on en cite plus de quatre-vingt-huit mille. Cela revient à dire qu'il n'y a pas une seule partie, même insignifiante, de notre corps qui ne fonctionne en tant qu'organe de réception, transformation et transmission de l'énergie subtile. La plupart de ces Chakra ont des dimensions très réduites ; les plus importants, environ une quarantaine, sont surtout concentrés dans le cou, la rate, la paume des mains et la plante des pieds (où l'on pratique une sorte de massage appelé « réflexologie »).

Les Chakra principaux, localisés dans le corps éthérique sur la colonne vertébrale, du sacrum jusqu'au sommet de la tête, sont au nombre de sept, tout comme les notes musicales, les jours de la semaine et les planètes de l'astrologie ancienne. En sanscrit *chakra* signifie « roue », c'est-à-dire tourbillon d'énergie. Cependant, ce concept ne se rencontre pas seulement dans la tradition indienne ; on le retrouve chez les Égyptiens (l'ouverture du centre de la rate était réputée très dangereuse

nal central Sushumna, autour duquel, une fois atteint l'équilibre énergétique, s'entrelacent les deux polarités latérales : Ida, l'énergie féminine, nocturne, humide, fraîche, lunaire, yin ; et Pingala, l'énergie masculine, diurne, sèche, chaude, solaire, yang. Elles remontent d'un mouvement enroulé, semblable à celui de deux serpents, en commençant par le premier Chakra, Muladhara, jusqu'aux narines, où elles reçoivent la nourriture pranique à travers la respiration.

Prenons l'exemple du pendule. Quand il est en mouvement, il oscille entre deux pôles horizontaux, le droit et le gauche. En outre, puisqu'il possède également une polarité verticale, quand il oscille l'énergie est transmise du pivot vers le bas. Il suffit que le mouvement s'arrête pour que les deux pôles horizontaux pour les non-initiés) comme chez les Indiens Hopis qui voyaient au centre du corps la présence de cinq centres énergétiques. Les Chinois les identifient grâce aux intersections des méridiens, canaux invisibles qu'ils stimulent à l'aide de l'acupuncture ou réchauffent grâce aux cigares incandescents de la *moxa*.

Les Chakra présentent une forme circulaire ou en entonnoir, comme bon nombre d'éléments existant dans la nature, et ont également un mouvement en vortex qui échappe à l'œil physique mais qui est facilement perceptible à travers les sens subtils : la rotation s'effectue dans le sens des aiguilles d'une montre ou en sens contraire selon la polarité du Chakra (les premier, troisième, cinquième et septième sont masculins ; les deuxième, quatrième et sixième sont féminins) et selon le sexe de l'individu : chez l'homme, le Chakra masculin tourne vers la droite et le féminin vers la gauche ; chez la femme, le Chakra masculin tourne vers la gauche et le féminin vers la droite.

Semblables à des fleurs de lotus, tels sont décrits les Chakra par les voyants habitués à la lecture de l'aura et à la vision de l'état énergétique des corps subtils. En réalité, les Chakra, chez l'homme commun, ressemblent plutôt à des entonnoirs très étroits. Ils ont toutefois un nombre variable de pétales qui est déterminé par la quantité de Nadhi qui y affluent.

Selon d'autres personnes, les pétales – ou si l'on préfère les rayons de la roue – ne sont rien d'autre que des illusions optiques dues à la vitesse de rotation des vortex : quand la vitesse est limitée, il y a

peu de pétales (par exemple les quatre de Muladhara et les six de Svadhishthana), alors que les fréquences très élevées de Sahasrara, la couronne lumineuse au sommet de la tête, se reflètent en mille pétales, un nombre qui représente l'infini dans la symbolique indienne.

Il en va de même pour les couleurs irradiées par les Chakra. Elles dépendent de la vitesse de rotation : les tonalités chaudes (marron, rouge et orange) correspondent aux vitesses basses, alors que les tonalités froides (vert, indigo, violet) sont liées aux vitesses plus élevées. Le « séparateur » est représenté par le jaune qui, en ligne avec le Chakra du centre Manipura, constitue le point d'équilibre.

Selon les descriptions des voyants, on retrouve à l'intérieur de chaque Chakra un conduit en forme de tige qui le relie au canal énergétique principal : Sus-

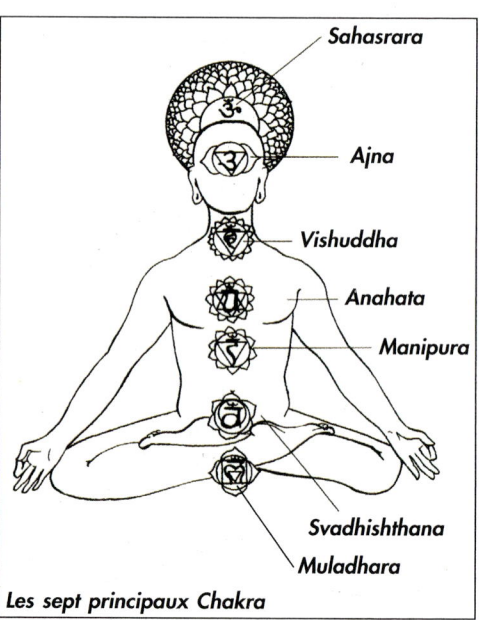

Les sept principaux Chakra

humna. Chez la plupart des individus, les Chakra s'étendent sur environ 10 cm à partir du point d'origine et chacun possède toute la gamme des vibrations chromatiques, même si la couleur spécifique est prédominante. Chaque Chakra possède donc une couleur (qui l'influence) et un son auquel il est plus sensible qu'aux autres. Il s'agit encore une fois d'une question de résonance et d'harmonie. Le fait de regarder une couleur ou d'entendre un son produit chez le sujet une vibration correspondante. Le semblable attire son semblable. Rien d'extraordinaire, par conséquent, si la couleur rouge et le son *do* attirent le premier Chakra, caractérisé par une vibration qui leur correspond, alors que l'orange et la note *ré* agissent sur le deuxième, le jaune et la note *mi* sur le troisième, et ainsi de suite.

Avec le développement spirituel, les dimensions des Chakra ont tendance à s'élargir et leur fréquence en est accélérée, d'où une impression de luminosité et de pureté accrue. En réalité, leurs dimensions et leur fréquence ne sont que le reflet de la quantité et de la qualité d'énergie provenant de différentes sources qu'ils parviennent à absorber : les étoiles, le ciel, les plantes, les pierres, les parfums, les couleurs, la musique et les êtres. Toutes ces sources, y compris les personnes agissant en qualité de thérapeutes, peuvent être canalisées pour améliorer non seulement les Chakra, mais aussi la qualité de l'environnement extérieur et des personnes qui en font partie.

Toutes les traditions, chinoise, indienne, celtique et égyptienne, reconnaissent

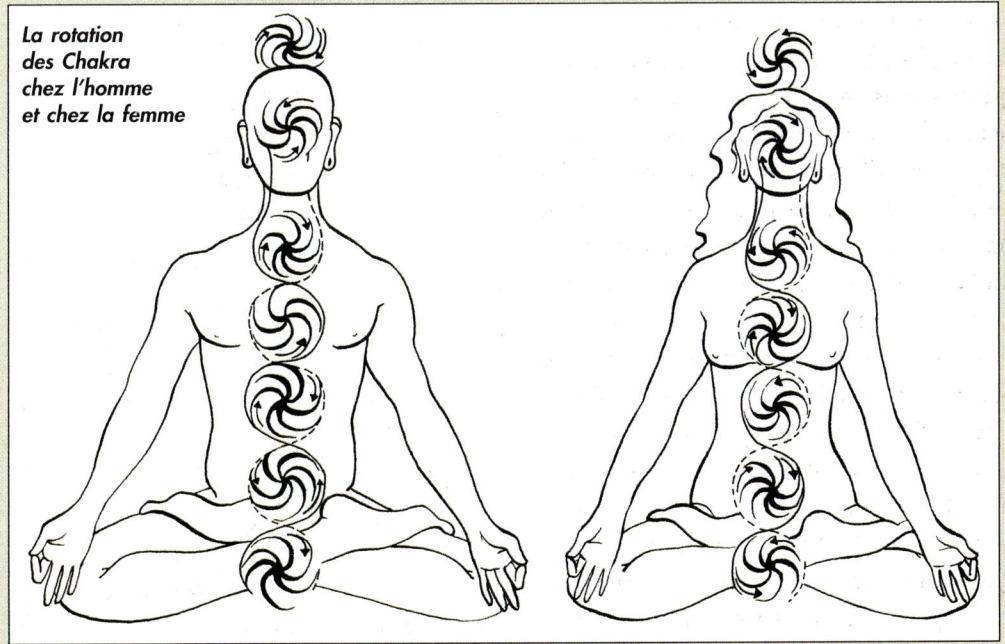

La rotation des Chakra chez l'homme et chez la femme

l'existence de deux courants énergétiques à l'origine de la vie : l'énergie tellurique (le courant féminin de la terre dans le tantrisme, Shakti Kundalini), que nous recevons à travers le Chakra de la racine, Muladhara, et conservons sous forme de serpent enroulé à la base de la colonne ; l'énergie cosmique (le courant masculin du ciel dans le tantrisme, Shiva), que nous captons grâce au Chakra de la couronne, Sahasrara.

L'union des deux courants énergétiques a lieu lorsque la Kundalini, réveillée par une pratique adéquate du yoga, commence à remonter le long du canal central jusqu'à Sahasrara où elle rencontre Shiva. Alors se produit cette étincelle qui rend le pratiquant pleinement conscient du caractère identique entre l'ego et le Tout, entre l'observateur et la chose observée, dans une union mystique et sans limite. Mais avant d'arriver à cela, dans son ascension, la Kundalini implique au fur et à mesure tous les Chakra qui, une fois réactivés, s'élargissent et accélèrent leurs fréquences, en les transmettant à leur tour aux différents corps subtils.

Sur le plan physique, les Chakra sont de véritables zones du corps, concentrées autour des plexus nerveux principaux ; il est possible de se baser sur leur activité électromagnétique pour établir un diagnostic et soigner des maladies dues à des **carences**, ou au contraire, à des **excès** d'énergie. Sur le plan des événements, les Chakra représentent des types d'activités, de réponses ou d'interactions avec les autres, par exemple le travail, la musique, l'amour ; ou bien encore, dans la dimension du temps, ils représentent les stades de l'évolution personnelle ou collective, et dans celle de l'intellect, notre système de pensée, nos credos. Bref, les Chakra agissent comme les vecteurs de notre conscience en lui permettant de s'élargir à tous les niveaux sans se limiter au plan physique. Toutes nos potentialités latentes peuvent revenir à la surface : les sens et les perceptions correspondantes se réveillent, les organes et les fonctions vitales se fortifient, les maladies régressent jusqu'à disparaître, les aptitudes artistiques, de communication s'expriment pleinement et, enfin, les capacités paranormales (voyance, communication télépathique, matérialisation et dématérialisation des objets, etc.),

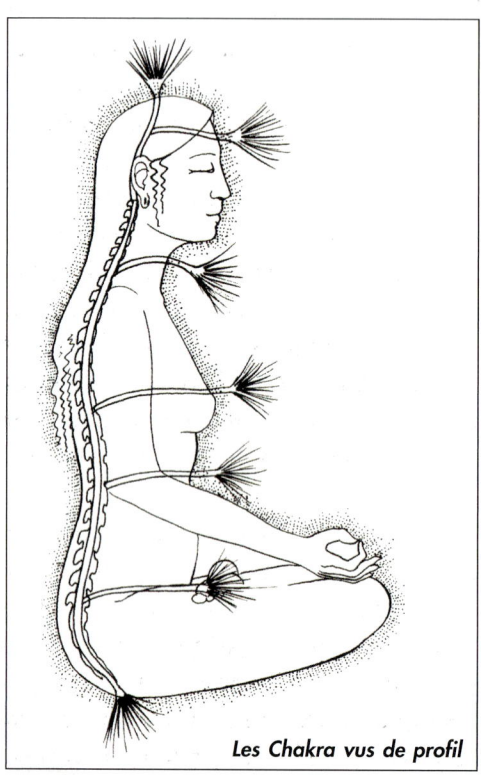

Les Chakra vus de profil

c'est-à-dire tout ce que la tradition du yoga a transmis comme *siddhi* (pouvoirs), se manifestent.

Le niveau qu'un individu doit atteindre pour être en mesure de travailler sur lui-même dépend de l'état de ses Chakra, qui sont plus ou moins bloqués par le stress, des dysfonctionnements hormonaux, des problèmes irrésolus, et du degré de prise de conscience auquel il est parvenu.

La théosophie et le mouvement anthroposophique de Rudolf Steiner ont mis en évidence un mouvement cyclique précis, lié aux mouvements des astres, qui concerne toute la nature et par conséquent également l'homme. Tout dans notre corps, le sang, les cheveux, les tissus, prend 7 ans pour se renouveler complètement. Selon la tradition, la période de plus forte activation de chaque Chakra dure 7 ans en moyenne (même si ce laps de temps varie pour certains Chakra) : de 0 à 7 ans pour Muladhara, de 8 à 14 ans pour Svadhishthana, de 15 à 21 ans pour Manipura, etc.

Cela ne signifie pas que les sept types d'énergie ne sont pas présents en même temps. Lorsqu'on a 7 ans, Muladhara ne disparaît pas pour céder le pas à Svadhishthana qui à son tour n'est pas dépassé par Manipura à l'âge de 14 ans. Chaque Chakra continue à occuper sa propre place dans le corps et à accomplir ses fonctions physiques et psychologiques ; ce qui change, c'est la prédominance, l'ordre interne. Si un Chakra, à cause de l'environnement, de traumatismes subis ou d'une alimentation incorrecte, n'a pas réussi à se développer normalement au moment approprié, lors des phases successives de la vie, il y aura un déséquilibre au niveau de ce Chakra. Par conséquent, pour être vraiment bien, pour ressentir cette merveilleuse sensation d'harmonie, de sérénité, de bien-être et d'amour qui est la prérogative de l'initié, il est nécessaire que tous les Chakra, sans exception, soient bien ouverts et fonctionnent. Malheureusement, cela arrive rarement chez la plupart d'entre nous, à cause d'un ensemble de facteurs sociaux, personnels, alimentaires, etc. Certains Chakra sont ouverts, d'autres bloqués ou partiellement fermés suivant une gamme infinie de combinaisons. Il n'est pas difficile de déterminer leur état, il suffit de se fier à l'observation. Les sensations physiques, les émotions, les préférences alimentaires, les postures pendant le sommeil, les sports pratiqués, les couleurs préférées pour l'habillement ou pour la décoration d'un intérieur, tout comme l'attitude, les caractéristiques de la personnalité, les capacités manifestées, la tendance à contracter certaines maladies plutôt que d'autres, tout cela est révélateur de l'état et du fonctionnement correct, ou au contraire en excès ou en carence, de chaque Chakra.

Si le blocage énergétique se trouve à l'entrée du Chakra, et réduit donc le flux énergétique, son fonctionnement est déficitaire à cause du manque d'énergie ; si par contre le blocage se situe après, l'énergie rentre mais ne trouve pas de sorties et finit par constituer un trop-plein

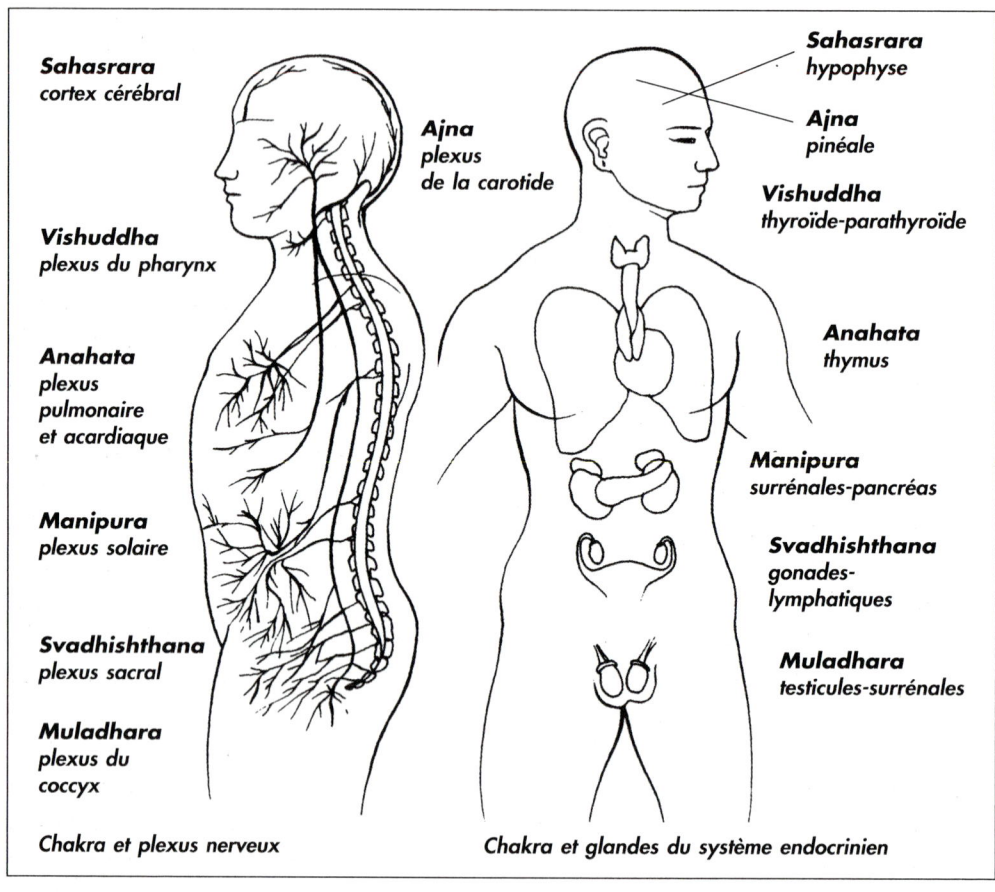

Sahasrara
cortex cérébral

Ajna
plexus
de la carotide

Vishuddha
plexus du pharynx

Anahata
plexus
pulmonaire
et acardiaque

Manipura
plexus solaire

Svadhishthana
plexus sacral

Muladhara
plexus du
coccyx

Sahasrara
hypophyse

Ajna
pinéale

Vishuddha
thyroïde-parathyroïde

Anahata
thymus

Manipura
surrénales-pancréas

Svadhishthana
gonades-
lymphatiques

Muladhara
testicules-surrénales

Chakra et plexus nerveux

Chakra et glandes du système endocrinien

qui risque de briser les barrages, entraînant des conséquences véritablement désastreuses.

Afin de corriger le mauvais fonctionnement des Chakra, il suffit de travailler sur les tendances, sur les habitudes alimentaires et le mode de vie. La nourriture, les parfums, les couleurs, les pierres, la musique, les sports qui nous ont informé sur l'état de nos Chakra, pourront ainsi se transformer en instruments naturels de réactivation et de rééquilibrage avec le support irremplaçable du yoga, de la res-

piration, de la méditation, de la réflexologie, des huiles essentielles et des fleurs de Bach[2].

En général, tous les exercices qui comportent des flexions et des torsions de la colonne vertébrale ont pour finalité de dégager les canaux énergétiques de blocages éventuels et d'en augmenter l'effi-

2. Pour de plus amples renseignements, consulter : *Réflexologie du pied et de la main* et *Cours de digitopression*, de D. Piazza et A. Maglio ; *Cours complet de yoga*, de F. Sacchi ; le *Guide des fleurs de Bach*, de V. et C. Fabrocini ; *Le Grand Livre des fleurs de Bach*, de E. Guastalla ; *Le Grand Livre des huiles essentielles*, de F. Padrini et M. T. Lucheroni, publiés aux Éditions De Vecchi.

cacité ; les positions d'équilibre agissent de façon positive sur les deux polarités de l'énergie, alors que les positions retournées (tête en bas) ou en arc (avec appui sur les épaules) l'envoient vers les Chakra supérieurs où, naturellement, du moins pour l'homme ordinaire, elle a du mal à accéder. Enfin, les positions qui prévoient la contraction de l'abdomen activent Manipura qui, dans la colonne des sept Chakra principaux, a une fonction de séparateur.

Il peut arriver que cette remise en ordre provoque, dans l'immédiat, une rechute de l'état de santé ou une accentuation de certains troubles, organiques et fonctionnels, qui sont l'indicateur d'un malaise frappant tel ou tel Chakra. Un Chakra malade, un Nadhi bloqué agissent comme un muscle qui, à cause d'un bandage étroit, devient rigide et insensible. Au moment où le bandage est enlevé, on ne sent rien, puis, à mesure que le sang et l'énergie recommencent à y circuler, une douleur intense se manifeste, un engourdissement gênant qui rappelle la piqûre d'une multitude de petites aiguilles. Une réaction analogue a lieu dans le corps énergétique, et notamment quand le réveil n'est pas tout à fait spontané mais provoqué avec trop de vigueur par un élève impatient. On revit, non sans douleur, les mêmes situations qui ont autrefois créé un blocage, une crainte, de la rage, de la souffrance et tous les sentiments négatifs qui ne peuvent être éliminés qu'en remontant à la surface — comme une dernière secousse avant la libération définitive.

Rééquilibrer les Chakra

■ Le yoga et le tantrisme

« Yoga » dérive du sanscrit *yuj*, qui veut dire « joindre », « atteler ». Il est facile de deviner ce qu'il faut atteler : tout ce qui, en divaguant, en nouant des intrigues, en nous distrayant, nous fait dévier du chemin qui mène à l'élévation, à l'identification de l'ego avec le Tout : la pensée, les désirs, les passions. Le problème posé est de savoir comment les dominer, et pour cela le yoga propose différentes solutions : la voie de l'exercice physique, de la respiration et de la concentration (Hatha yoga) ; la voie de l'amour de Dieu, de la dévotion et de la foi (Bhakti yoga) ; la voie de l'action à travers le devoir accompli (Karma yoga) ; la voie de la connaissance (Jnana yoga), du son (Laya yoga) et de la visualisation (Yantra yoga).

Le Tantra yoga, se basant plus précisément sur l'énergie subtile des Nadhi et des Chakra, est dans un sens une synthèse de toutes ces voies. Il s'agit d'un yoga pratique où le corps et l'esprit, l'énergie matérialisée et l'énergie subtile, interagissent continûment, la première étant le vecteur de la deuxième. Le principe fondamental du Tantra est la Shakti, le pouvoir féminin qui se manifeste en même temps sous forme de corps et d'esprit, bien que la conscience suprême se trouve au-delà du mental et de ses limites. Mais, afin de dépasser l'intellect, il est nécessaire d'arrêter son vecteur qui doit être bien purifié à travers la pratique des *asana* (positions), des *mudra* (gestes) et du *pranayama* (contrôle de la respiration), et d'interrompre toute forme d'activité mentale.

Quand le *prana*, l'énergie vitale riche en ions négatifs, se fond avec l'*apana*, l'énergie expulsive riche en ions positifs, on génère une force de propulsion capable de faire remonter le long de la colonne vertébrale l'énergie féminine, la Shakti Kundalini (du sanscrit *kunda* « pelote » ou « cavité pour le feu du sacrifice »). Toutes les techniques qui agissent sur la Kundalini ont une origine tantrique et œuvrent grâce à l'union de l'intellect et du corps, en canalisant l'énergie subtile à travers le système nerveux et le long de la colonne vertébrale. Ici, en contrariant la loi de la gravitation qui voudrait l'attirer vers le bas, elle remonte en touchant l'un après l'autre les six Chakra alignés à la verticale, avant d'atteindre son but avec le septième, Sahasrara, qui se trouve entre les deux hémisphères cérébraux. Il arrive alors que les deux hémisphères, l'un attaché aux fonctions verbales, l'autre aux fonctions visuelles, se calment dans une forme de contemplation au-delà de l'espace et du temps, cessent leur travail et abandonnent toutes les connaissances illusoires et les fausses identifications avec le monde des phénomènes, l'apparence que l'homme ordinaire s'obstine à confondre avec la réalité.

En prenant conscience de soi et de l'existence d'autres niveaux et d'autres états de conscience, on se détache de l'extérieur pour instaurer un contact plus intime avec sa propre intériorité. La renonciation à l'assouvissement des sens ouvre la voie à la dimension intérieure et permet de voir la lumière, en dépassant le dualisme entre l'intellect et le corps, la matière et l'esprit, voire, d'après les écrits yogiques, de dépasser le seuil de la vieillesse, de la maladie et de la mort.

■ La démarche

La nature de l'homme est de type énergétique, comme celle qui se manifeste dans le nombre infini de vibrations, de couleurs, de formes, de parfums et de sons présents dans la création. L'esprit rationnel et les connaissances nous ont progressivement éloignés de cette réalité et du fait que nous sommes immergés dans un Tout. La peur de perdre ce que l'on a conquis, les déceptions, les tensions nous font oublier cette possibilité d'échange continuel entre l'homme et l'univers. Tout nous appartient, car nous sommes le tout, et nous pouvons retrouver l'unité originelle dans toutes les manifestations du cosmos perceptibles à l'aide des sens, les couleurs, les formes, les parfums et les sons.

Pour agir sur nos parties subtiles les plus sensibles aux vibrations de l'environnement, et par conséquent les plus susceptibles de blocages et de fermetures, il existe un système naturel très simple : soumettre les Chakra à des fréquences vibratoires semblables à celles qui les font réellement vibrer lorsqu'ils fonctionnent de façon harmonieuse. N'oublions pas qu'une des premières lois de l'ésotérisme occidental affirme que «le semblable attire son semblable». Quand cette ressemblance n'existe pas, il suffit de créer un contact, une analogie entre des réalités différentes pour qu'elles commencent à se mettre lentement sur la même longueur d'onde. Pensons aux groupes, aux familles, aux couples : inexplicablement, avec les années de cohabitation, ne finit-on pas par se ressembler ?

La qualité de l'environnement et de ceux qui nous entourent devient avec le temps la qualité de notre vie. Voilà pourquoi il est fondamental d'essayer de l'améliorer en choisissant, par exemple, les couleurs et les musiques les plus adaptées, mais surtout de côtoyer des personnes aimables et pleines d'amour. De cette façon, le Chakra qui est victime d'un déséquilibre va recevoir des fréquences plus élevées que celles qu'il est en mesure d'émettre spontanément : il va alors commencer à vibrer plus rapidement et petit à petit, les blocages vont se dissoudre. Tel un vent énergétique qui souffle sur nos corps subtils en les nettoyant, le *prana*, à travers les centres énergétiques des Chakra, atteint le corps physique en le guérissant et en le revitalisant.

Cependant, il ne s'agit pas d'un processus indolore : les émotions réprimées, les blocages éliminés, les souvenirs mis de côté font à nouveau surface et provoquent une souffrance psychique et physi-

que avant de disparaître définitivement. Mais il faut insister, en évitant de se laisser dépasser par l'anxiété, la migraine et la fatigue : ce n'est que comme cela que ces malaises passagers pourront faire place à un sentiment de joie profonde, de lucidité et de sérénité.

Quand on est ensuite contraint de faire face à une situation risquée, par exemple le contact avec des personnes désagréables, ou l'obligation de fréquenter des lieux pauvres du point de vue énergétique, l'art de la visualisation (c'est-à-dire l'aptitude à créer des images sur son propre écran mental) devient une arme précieuse. Apprenez à visualiser vos désirs, créez des halos de lumière bleutée autour des personnes aimées, imaginez qu'un fil doré issu du milieu des sourcils ou du troisième Chakra, Manipura, vous entoure lentement avec les gens que vous chérissez, comme un cocon lumineux. Attention toutefois, car s'il est vrai que le «cocon» est un puissant instrument de protection contre toutes les situations négatives, il a aussi tendance à bloquer les échanges énergétiques avec l'environnement et risque à la longue d'empêcher la nécessaire recharge en énergie.

■ Les méthodes

Pour reconnaître les Chakra qui ont le plus besoin d'aide, il est possible de suivre deux chemins : le premier, accessible à peu de gens, se base sur la sensibilité. En appuyant la main en correspondance avec le Chakra et en observant l'aura (ou par le biais de pendules ou de baguettes de radiesthésiste), certaines personnes sont en mesure d'en évaluer l'état énergétique – harmonieux, en défaut ou en excès.

Mais il est possible d'intervenir de façon efficace même si l'on ne possède pas cette capacité. Étudiez attentivement la fiche concernant chaque Chakra et interrogez-vous honnêtement. Passez en revue tout ce qui vous concerne : maladies, tempérament, habitudes, alimentation, positions et durée du sommeil ; analysez vos désirs et vos préférences personnelles, puis comparez-les avec les caractéristiques du Chakra en question. Si vous vous retrouvez parfaitement, cela veut dire que le Chakra fonctionne bien, sans obstacles. Si vous décelez des exagérations, cela veut dire qu'à ce niveau, il y a une charge énergétique à alléger. Par contre, vous êtes face à un défaut, une carence, si les caractéristiques relatives à ce Chakra s'éloignent beaucoup de vos habitudes.

Le premier Chakra à harmoniser est celui du cœur. En effet, tant que celui-ci fonctionne sans problèmes vous ne manquerez jamais de l'amour qui revitalise et guérit, en augmentant, grâce à sa vibration harmonieuse, la vitalité de tous les Chakra.

Laissez la **nature** vous aider, maniez ses éléments, le sable, l'argile, l'eau. Laissez le vent vous caresser, chauffez-vous devant le feu, parfumez-vous avec des essences naturelles et gardez toujours des fleurs fraîches chez vous. Écoutez souvent de la musique, chantez, bougez et dansez.

Le même soin doit être réservé aux **couleurs** des vêtements et des murs, de la décoration et des produits de toilette ou cosmétiques, en gardant bien à l'esprit que le jaune est rééquilibrant, l'orange et le rouge réchauffants et revigorants, le bleu relaxant et légèrement antibiotique, le vert reposant et antitumoral, le violet anaphrodisiaque et spiritualisant. Vous pouvez renforcer cette thérapie naturelle en appliquant directement sur le corps, au niveau du Chakra, des morceaux de soie colorés avec des teintes correspondantes, ou en utilisant des lampes à ampoules colorées.

En complément vous pouvez préparer la merveilleuse « eau de soleil », à boire par petites gorgées ; il suffit de remplir avec de l'eau de source une carafe transparente après l'avoir bandée avec de la soie colorée (teinte unie) et l'avoir laissée reposer à la lumière directe du soleil pendant 5 ou 6 heures.

À tout cela on pourra ajouter la contribution précieuse des **cristaux** que les Indiens considèrent comme des « gouttes de lumière colorée ». Vous pourrez porter sur vous ceux qui sont conseillés pour les Chakra « à risque », en les gardant en contact avec la peau, à côté de votre lit ou, mieux encore, sous le lit en correspondance avec la tête ou le cœur. L'essentiel, c'est de vous les approprier vraiment avant de les utiliser (pensez à les laver avec beaucoup d'eau où vous aurez fait dissoudre du sel de mer). Mais la solution la plus efficace est encore la **méditation** sur les différents Chakra, allongé par terre et les yeux fermés, la tête vers le nord, en appuyant les cristaux directement sur la peau nue au niveau des différents centres énergétiques. L'effet sera encore plus puissant si l'on garde dans chaque main un cristal de quartz (pointu à droite et arrondi à gauche) et si l'on place ensuite autour du corps, en cercle, douze petits cristaux pointés vers le centre.

Une autre intervention très efficace sur l'état énergétique des Chakra dérive d'une technique orientale très ancienne : le **massage** des points d'acupuncture et celui, plus simple, des zones de correspondance de la plante des pieds, zones minuscules qui sont liées aux divers organes du corps et aux fonctions de l'organisme. Le massage est exécuté avec des mouvements circulaires et profonds, dans le sens des aiguilles d'une montre pour charger et en sens contraire afin de décharger, grâce au pouce et à l'index ou, suivant l'extension de la zone à traiter, du pouce, de l'index, et du majeur. Continuez ainsi pendant 2 ou 3 minutes sur chaque point, en insistant particulièrement sur les zones correspondant aux Chakra déséquilibrés.

Il est conseillé de maintenir une pression moyenne, énergique, mais sans provoquer de douleur insupportable. La règle est simple : une petite douleur est le bon signal envoyé du point traité et cela veut dire que le Chakra ou l'organe en difficulté est bien celui que l'on est en train de manipuler ; cependant, il ne faut pas croire que le massage est plus efficace lorsque la douleur est insupportable ! Une action trop intense ne ferait que décharger les zones traitées en mettant en danger un équilibre énergétique déjà instable.

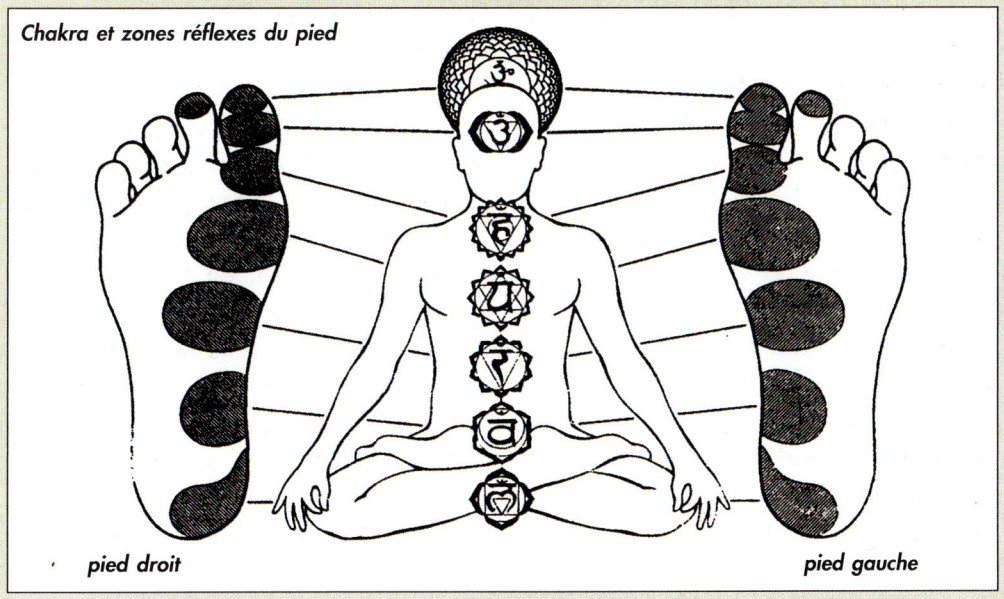

Chakra et zones réflexes du pied

pied droit

pied gauche

2 Les Chakra

Muladhara Chakra

Mandala

Nom sanscrit: Muladhara.
Signification: racine, soutien.
Position: plexus pelvien, périnée, base de la colonne.
Mots clés: enracinement, acceptation, incarnation.
Fonctions: survie, nutrition, reproduction.
Rotation: à droite pour l'homme, à gauche pour la femme.
Tattva: terre.
Couleur du tattva: jaune.
Forme du tattva: carré.
Nombre de pétales: quatre.
Couleur des pétales: rouge.
Lettres devanagari: vam, sam, sham (linguale), sham (palatale).
Syllabe sacrée: lam.
Voyelle: ohh.
Note de musique occidentale: do.
Note de musique indienne: Sa.
Musique: tribale, sons de la nature.
Divinités correspondantes: Ganesha, Savitri, Brahma.
Caractéristiques psychiques: colère, matérialité, s'il y a excès; distraction, paresse, incapacité à gérer les affaires, s'il y a carence.
État intérieur: stabilité, fermeté, patience, sûreté.
État extérieur: solide.
Durée du sommeil: 10-12 heures.
Position du sommeil: sur le ventre.
Actions: vouloir, posséder.
Obstacles: rage, avidité, désirs.
Glandes: testicules, surrénales.
Parties du corps: jambes, pieds, os, gros intestin, anus, vessie, nez.
Sens: odorat.
Maladies physiques: obésité, hémorroïdes, constipation, sciatique, arthrite, rhumatismes, douleurs aux genoux, anorexie, Sida, tumeurs des os et de la peau.
Maladies psychiques: dépression, impuissance, insécurité.
Vayu: apana.
Âge: 0-7 ans.
Plan: Bhu Loka (plan de la terre).
Planètes: Sani (Saturne), Kuja (Mars).
Signes zodiacaux: Bélier, Scorpion.
Métaux: plomb.
Nourriture: protéines.
Parfums: pin, cèdre du Liban, patchouli, musc, girofle, lavande, jasmin.
Couleurs: rouge, marron, vert-mauve.
Pierres: rubis, corail rouge, magnétite, grenat, héliodore, jaspe, hématite, onyx noir, obsidienne, quartz fumé, tourmaline noire, agate, alexandrite.
Animaux: éléphant, buffle, taureau.
Force en œuvre: gravité.
Yoga: Hatha yoga.
Guna: tamas.
Direction: nord.
Fleurs de Bach: Aspen, Chestnut Bud, Chicory, Elm, Olive, Willow.

Connu également sous le nom de Adhara Padma, c'est le premier des sept Chakra, la note la plus basse, la marche sur laquelle s'appuient toutes les autres. Les noms qu'on lui donne décrivent sa fonction : en sanscrit, *mula* veut dire « racine » et *adhara* « base », alors que *padma* veut dire « lotus » ; cela donne donc « racine de base » ou « racine de lotus » (la fleur qui symbolise le réveil de la conscience, par la remontée progressive de l'énergie subtile Kundalini le long du parcours énergétique de la colonne). Dans Muladhara repose tranquille un grand potentiel qui, si l'énergie surgit de

façon trop violente, se comporte tel un tremblement de terre : tous les souvenirs convergent dans le grand océan du Chakra de base qui correspond au plexus nerveux du coccyx où l'énergie féminine, l'irrationnel, Shakti, trouve son siège. Placé dans le périnée, chez l'homme entre les orifices urinaire et excrétoire, chez la femme derrière le col de l'utérus, dans la partie la plus basse de l'utérus, il contrôle toutes les fonctions excrétoires et sexuelles. C'est donc l'un des centres psychiques les plus importants, stimulant mais aussi perturbateur.

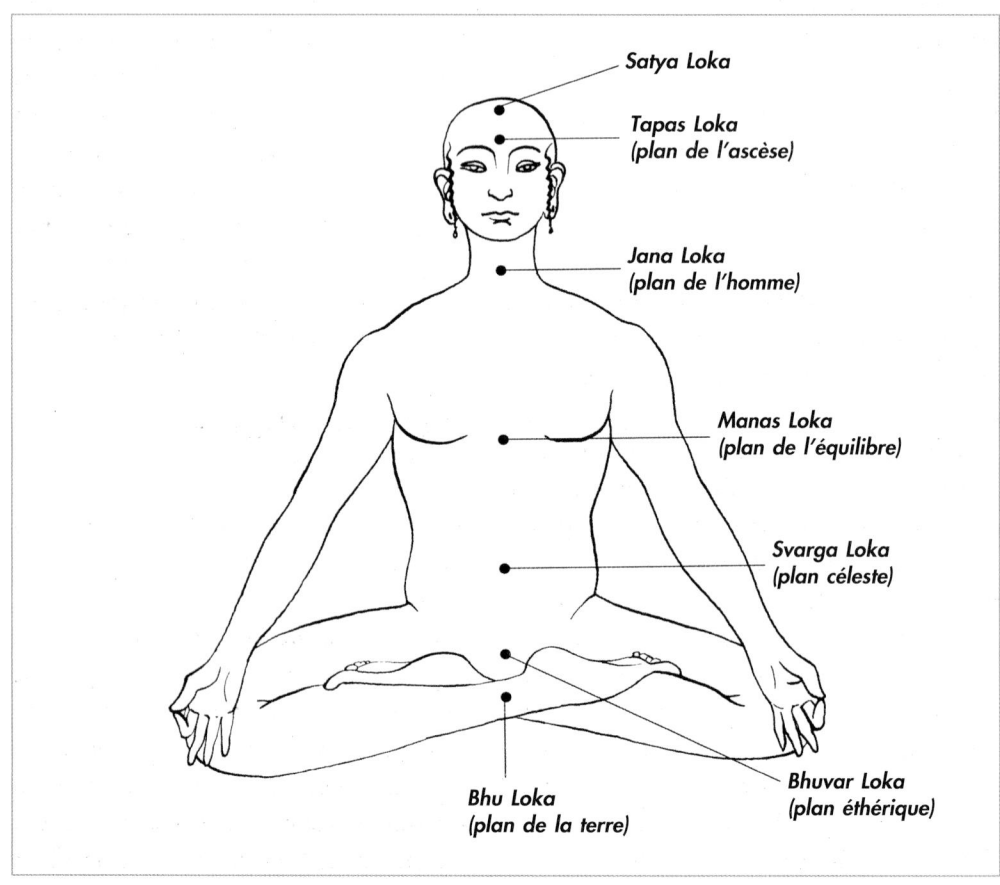

Satya Loka

Tapas Loka
(plan de l'ascèse)

Jana Loka
(plan de l'homme)

Manas Loka
(plan de l'équilibre)

Svarga Loka
(plan céleste)

Bhu Loka
(plan de la terre)

Bhuvar Loka
(plan éthérique)

■ Aspect physique et caractère

Par analogie avec l'élément terre, Prthvi, le plus condensé des cinq qui ont généré l'univers indien, Muladhara représente le fondement, la plate-forme sur laquelle reposent tous les autres Chakra. Comme base de l'*annamaya kosha*, le corps de la nourriture, il appartient à tout ce qui est solide, terrestre : l'existence matérielle, la survie, l'équilibre avec l'environnement, l'assimilation, la reproduction et la capacité de manifester ses propres besoins mais aussi les limites qui nous sont imposées par la condition d'êtres incarnés.

Il agit donc sur tout ce qui est « consistant » : les dents, les ongles, le squelette et la chair qui les recouvre, et, en relation avec *apana*, l'énergie expulsive qui pousse vers le bas, sur le gros intestin où arrivent les matières de rejet. Il agit encore sur les testicules et les glandes surrénales, qui règlent la circulation du sang et la température du corps, et sur les organes de l'odorat qui trouve son siège dans le rhinencéphale, la partie la plus ancienne du cerveau. Ce n'est donc pas un hasard si, comme l'enseigne la physiognomonie, à un tempérament concret et orienté vers le plaisir correspond souvent un nez assez important.

Il est impossible d'équilibrer les autres Chakra sans avoir travaillé au préalable sur Muladhara, en mettant à profit les vertus de la sécurité et de la force intérieure ; sinon, le développement se révélera, avec le temps, privé de racine et de la stabilité nécessaire à la longévité et à la réalisation.

Quand, grâce au réveil de Muladhara, l'individu commence à s'harmoniser avec les forces du cosmos, il cesse de gaspiller de l'énergie dans une sexualité immodérée. Il apprend alors à utiliser son corps en tant que vecteur et non plus comme un objectif pour l'existence, qui doit à tout prix être satisfait. Confiant et plein de gratitude pour ce qu'il a, il aime se sentir opérationnel et s'intègre sans effort dans le cycle naturel sommeil-veille, activité-repos. En principe, l'enfant jusqu'à 7 ans agit conformément au premier Chakra. Il perçoit la matière comme une expérience nouvelle et pleine de charme mais, encore égocentrique et lié à la sphère physique, il apprend à régler les habitudes de l'alimentation et du sommeil qui lui donnent du plaisir. L'insécurité le rend parfois violent au point de frapper aveuglément quiconque menace ses certitudes et ses possessions : les jouets, les sucreries, l'amour de ses parents.

■ Fonctionnement en excès

Quand, une fois dépassé le stade de l'enfance, Muladhara continue d'être hyperactif, l'individu semble contracté, comme recroquevillé sur soi-même. Il refuse de vivre en accord avec les lois naturelles et reste de plus en plus pris dans les filets du monde terrestre. Ses organes sensoriels, au lieu de l'aider à percevoir la réalité comme il le faudrait, ajoutent encore de la confusion et de la douleur en échange de quelques plaisirs éphémères. Il est attiré vers le bas par des désirs et des pulsions matériels qui le conduisent à abuser de l'alcool, de la nourriture et du sexe. Il cherche à posséder tout ce qu'il voit comme le fait un enfant devant une vitrine de jouets, incapable d'évaluer les possibilités et les conséquences de ses choix. Sous l'emprise de ce désir de possession, qui le pousse à serrer la main en poing autour de ce qu'il a conquis, il rencontre de sérieuses difficultés dans le geste inverse au prendre : le donner ; au point qu'il en manifeste des signes physiques avec les troubles typiques qui les accompagnent : obésité, ballonnement, constipation. La fixation excessive sur ses propres besoins lui fait perdre de vue les exigences des autres. Il en arrive à s'ancrer à certaines habitudes, à des manies plus ou moins inoffensives, jusqu'à perdre le contrôle de lui-même quand il se sent entravé de l'extérieur. Pour compenser la dissipation d'énergie que les aspérités de son caractère entraînent (jalousie, colère, matérialisme, envie), il tend à manger beaucoup et à dormir entre 8 et 10 heures dans la position typique enfantine : sur le ventre. Par ailleurs, derrière cette faim agressive de désir et de plaisir, il y a toujours la crainte inconsciente de perdre ce que l'on a acquis avec beaucoup de peine. La violence et l'excès de consommation qui marquent la société actuelle en sont une preuve et témoignent clairement du mauvais fonctionnement du premier Chakra chez une grande partie de la population mondiale. Si le désir d'élargir la gamme de ses expériences physiques peut agir comme une pulsion à la croissance et au développement individuel, il ne faut pas sous-estimer le risque, toujours présent, de s'arrêter dès que l'on a eu une satisfaction, sans essayer de passer à un stade plus évolué. Ce n'est pas un hasard si sur Muladhara agissent en même temps des énergies planétaires discordantes : la pulsion sexuelle et agressive de Mars qui incite à la création et à l'action, et le pouvoir cristallisant de Saturne qui tend à freiner, à consolider, à organiser.

■ Fonctionnement déficient

Si le premier Chakra est bloqué ou fermé, si l'énergie y stagne sans circuler, le physique est affaibli, l'appétit médiocre et les défenses insuffisantes. Le manque de sécurité et les préoccupations grossissent les problèmes habituels liés au quotidien et déjà très lourds pour ceux qui, manquant d'énergie et de constance, s'épuisent à mener à terme les objectifs. La vie apparaît alors comme un tunnel gris sans fin. Au point que souvent ces personnes préfèrent renoncer au réel et se réfugient dans un monde fantastique qu'ils créent à leur convenance. Ils se sentent souvent déplacés, comme s'ils n'appartenaient pas vraiment à ce monde ; ils se plaisent à penser qu'ils y sont tombés par hasard comme des anges déchus et rêvent de retrouver les sphères élevées d'où ils viennent.

■ Le symbole

C'est un grand carré jaune entouré de quatre pétales rouge foncé portant quatre lettres nasales de l'alphabet *devanagari*, les quatre vibrations sonores *vam*, *sham* (linguale), *sham* (palatale) et *sam*, produites par les quatre Nadhi qui se rencontrent en formant autant de ganglions nerveux. À l'intérieur du carré se trouvent un triangle renversé, un éléphant blanc, la syllabe sacrée, le *bija lam*, de couleur dorée, qui le représente et l'active : voilà l'image symbolique à visualiser en tant que support pour la méditation sur Muladhara Chakra. Commençons par le carré, la figure géométrique qui, plus que les autres, en vertu du chiffre quatre (quatre côtés et quatre angles), fait référence à la stabilité. La terre est en effet le plus bas, le plus solide et le plus concentré des quatre éléments *(tattva)*, cinq en Inde où à la terre, l'eau, l'air et le feu s'ajoute l'*akasha*, l'éther, c'est-à-dire l'espace où tous les

Muladhara Chakra

autres interagissent. La terre est le berceau de toutes les possibilités, le refuge de toutes les semences ; la mère et la tombe, l'origine et la fin mais aussi le support de toute chose, exactement comme Muladhara est la racine et la base de tous les autres Chakra. Ainsi, tout ce qui se manifeste dans la nature, les éléments, les saisons, les humeurs, les points cardinaux, les phases de la lune, est soumis au symbolisme statique du chiffre quatre, qui représente la totalité manifestée.

Dans les écritures tantriques on affirme que la Shakti est l'aspect féminin et maternel de l'énergie, le vrai créateur, alors que Shiva, le masculin, n'est rien d'autre que conscience. À l'intérieur du triangle, on peut voir le *Shiva lingam*, le membre viril du dieu, de couleur or fondu, où s'enroule un serpent. Le serpent représente la forme de l'éternité, la circularité du temps sans début ni fin sur lequel repose le dieu Vishnu, conservateur du monde. Et tout comme le reptile change périodiquement de peau, le temps, en sanscrit *mahakala*, se renouvelle continuellement : tout se répète avec le cours des années et pourtant rien ne reste pareil. Nous ne sommes plus ce que nous étions hier et pas encore ce que nous serons demain. Même les dieux qui, dans la religion hindouiste, vivent des millions d'années, ne sont pas éternels. Il y a seulement une force qui demeure au-delà de l'espace et du temps : la Kundalini endormie de l'inconscient. Et voilà que, dès que le Chakra s'active et que la Kundalini commence son réveil, la tête du serpent se soulève, la gueule grande ouverte, prête à commencer la remontée le long du canal central. Cela est possible grâce à l'émission sonore du *bija* sacré du dieu Indra, qui peut être effectué en formant un carré avec les lèvres et en pressant la langue contre le palais. Le son *lam*, en effet, fait vibrer le palais, le cerveau et la partie supérieure du crâne, stimule les Nadhi du premier Chakra et, avec les quatre bras symboliques que la tradition tantrique lui attribue, crée un bloc qui empêche l'énergie de descendre vers le bas.

Soutenant le triangle renversé de Muladhara Chakra, l'éléphant blanc Airavata, la monture du dieu du ciel Indra, exhibe ses sept trompes. Il s'agit des *sapta dhatu*, les sept minéraux vitaux pour le corps humain, les sept éléments du corps physique : argile, fluides, sang, chair, graisse, os et moelle. On peut aussi y voir les sept désirs : sécurité, procréation, longévité, participation, connaissance, réalisation de soi, union, ou encore les sept planètes connues par les Anciens, les sept Chakra majeurs, les sept aspects de l'être que chacun se doit de découvrir et de développer en harmonie avec les lois naturelles. L'éléphant représente la recherche de la nourriture, la mémoire et la répétition de ces schémas de comportement pendant toute la vie, l'énergie qui nourrit ce qui doit être réalisé. C'est la monture de la raison, l'étincelle qui féconde la terre. Ceux qui ont su réveiller le premier Chakra sont ainsi certains de pouvoir continuer leur chemin vers la réalisation à l'allure lente mais constante de l'éléphant. Ils porteront avec une conscience accrue le poids de la vie et travailleront sur eux-mêmes avec ardeur et humilité.

La contrepartie féminine du divin, la projection de la Shakti au niveau du premier Chakra, est Savitri, sorcière terrifiante assise sur un lotus rouge, énergie puissante et non maîtrisable de la nature. Dans Savitri, resplendissante comme le soleil levant, est enfermée toute la mécanique hindouiste de la création : la chute de l'esprit qui se coagule graduellement dans l'existence matérielle. Dans ses quatre mains elle tient : le trident, symbole des forces créatrices, conservatrices et destructrices du cosmos ; l'épée, qui l'emporte sur la peur et écrase l'ignorance ; le bouclier protecteur et le crâne, emblèmes de la peur de la mort qui est encore très active au niveau du premier Chakra.

À l'intérieur de la lettre *lam* du *bija*, on retrouve inscrite une autre divinité : le dieu enfant Bala Brahma qui, grâce à ses quatre visages dorés, observe dans les quatre directions, gouverne sur toute la création et efface la peur de l'inconnu. Chaque tête représente un des quatre aspects de la conscience : le soi physique qui se manifeste à travers la matière, relié à la nourriture, au mouvement, au sommeil, au sexe et par conséquent à l'élément terre ; le soi émotionnel constitué des états d'âme et des sentiments en mutation perpétuelle, relié à l'élément eau ; le soi rationnel, lié aux procédés logiques, par analogie avec l'élément air ; le soi intuitif, c'est-à-dire la voix intérieure, lié à l'élément feu. Dans trois de ses quatre mains il tient une fleur de lotus, symbole de pureté, les saintes écritures des Veda et un vase plein d'*amrita* (le nectar enivrant) tandis qu'avec la quatrième il exécute la *mudra* qui chasse la peur.

Ganesha vient s'ajouter à ces figures divines. Il est le protecteur des étudiants et de toute activité qui vient d'être entamée, car il balaie les obstacles et confère la constance nécessaire à la poursuite du chemin entrepris. Il a le pouvoir de contrôler l'hémisphère gauche, responsable de la pensée logique et rationnelle, et de libérer le droit, siège de la créativité et de l'intuition, indispensable pour porter à son terme toute activité spirituelle. Ganesha a le corps d'un homme et la tête d'un éléphant, il se sert de ses quatre bras pour détruire les obstacles. Dans trois de ses mains, il serre le *ladu*, un gâteau symbolique qui apporte la santé et la prospérité en famille, une fleur de lotus, qui symbolise l'action altruiste et la crainte, et une hache, qui libère de la contrainte des désirs ; avec la quatrième, il exécute la *mudra* qui éloigne la peur.

■ Le réveil du premier Chakra

La tradition nous a légué de nombreuses méthodes pour réveiller Muladhara, la plus facile étant sans doute la concentration sur la pointe du nez. Toutefois, l'énergie féminine Shakti ne poursuit pas aussitôt après le réveil son chemin vers le haut. Dans la plupart des cas, tel le gros dormeur qui ouvre un œil et se rendort, elle se réveille et remonte rapidement,

parfois jusqu'à Manipura, et s'assoupit tout aussi rapidement. Surviennent alors toutes ces manifestations temporaires des pouvoirs psychiques, parfois accompagnées d'une chaleur intense ou d'un engourdissement de la colonne : lévitation des bras ou expériences partielles de sortie astrale bloquées par une sensation d'égarement, voire de panique.

Quand l'énergie remonte jusqu'à Svadhishthana, on traverse une période cruciale de la vie. Toutes les émotions réprimées, colère, luxure, avidité, remontent à la surface où elles se déchaînent avec véhémence. Parfois la conscience descend à des niveaux purement instinctifs, parfois elle remonte vers des niveaux plus subtils dans une succession incertaine de succès et d'échecs, de progrès et d'involutions. Ce n'est que lorsque le réveil du Chakra est complet que le pratiquant du yoga obtient le pouvoir de la lévitation *(darduri siddhi)* et encore clarté, inspiration, vigueur, courage, compréhension, douceur dans la voix. Il acquiert alors la capacité de maîtriser la respiration, l'esprit et, chez l'homme, le liquide séminal. Toutes ses erreurs sont effacées et il a accès à la connaissance du passé, du présent et du futur. La danse avec rotation du bassin, les coups de pieds en l'air, les coups de talon au sol, le saut, le jogging, les arts martiaux, le football et la lutte sont des exercices efficaces pour l'activation de Muladhara, ainsi que les techniques tantriques plus spécifiques telles que *asana* (postures), *pranayama* (respirations), *bandha* (contractions) et *mudra* (gestes des mains).

■ Les techniques

Salabhasana : position de la locuste

Allongez-vous, le visage vers le sol, les bras le long du corps. Expirez et soulevez les jambes le plus haut possible tout en gardant les bras en arrière. Contractez les fessiers et les muscles des jambes qui doivent rester réunies et tendues.

Salabhasana est une posture facile à exécuter, très utile pour ceux qui sont atteints de diabète, colite, constipation, dépression et troubles sexuels. Les contre-indications sont peu nombreuses, limitées surtout aux cas plus graves d'arthrose cervicale. Elle intéresse non seulement Muladhara mais aussi Manipura.

Maha Mudra : le grand sceau

Asseyez-vous par terre, les jambes réunies et tendues. Fléchissez d'abord la jambe droite en portant le talon en contact avec le périnée. L'angle décrit par les deux cuisses doit être de 90 degrés. Penchez-vous alors vers l'avant et saisissez le pied gauche des deux mains. En expirant, fléchissez encore le buste et étirez-le jusqu'à ce que votre visage touche votre jambe gauche. Gardez la position pendant au moins 1 minute et recommencez en changeant de jambe.

Maha Mudra réactive Muladhara, lutte contre la constipation, le diabète, les dysfonctionnements sexuels et digestifs, les intoxications alimentaires. Elle est contre-indiquée en cas de grossissement du foie et de la rate.

Sadhakasana : position de l'adepte

Asseyez-vous, le buste bien droit, sur vos talons ouverts, les gros orteils réunis et les mains appuyées sur les genoux. Inspirez profondément, puis expirez en fléchissant lentement le buste vers l'avant. Pendant ce fléchissement, fermez les mains en poing, les pouces pliés vers l'intérieur. Portez les deux avant-bras à terre en posant les coudes à côté des genoux et appuyez le front sur les deux poings superposés.

Il existe une variante qui demande plus d'efforts : Dharmikasana (position de la dévotion) qui s'effectue avec la même position de départ. Courbez-vous vers l'avant jusqu'à toucher le sol avec le front, les bras allongés par-dessus la tête, les paumes en contact avec le sol.

Dans les deux cas, gardez la position pendant 10-15 cycles respiratoires : inspiration, rétention, expiration.

Sadhakasana active Muladhara et Manipura ; elle tonifie par conséquent les organes abdominaux internes, atténue les douleurs menstruelles et relaxe la musculature du dos.

Matsyasana : position du poisson

Asseyez-vous par terre, les jambes tendues et les mains posées sur les hanches. Inspirez profondément, puis expirez en cambrant le buste en arrière et en appuyant les coudes par terre. Inspirez de nouveau en gonflant la poitrine puis, en expirant de nouveau, faites glisser les bras vers l'avant, les mains appuyées sur les cuisses, et la tête en arrière jusqu'à ce que vous touchiez le sol avec le sommet du crâne. Gardez la posture pendant 10-15 cycles respiratoires puis, en expirant, laissez-vous glisser au sol. Matsyasana prévient rhumes, bronchites et crises d'asthme, tonifie les organes abdominaux et génitaux et le système nerveux. À l'exception de Sahasrara, elle agit sur tous les Chakra.

Sardulasana : position du tigre

Mettez-vous à quatre pattes, de façon que les jambes et les bras, parallèles entre eux, forment un angle droit avec le buste. Le poids du corps porte principalement sur les mains et les genoux. Inspirez, incurvez le dos et étirez le cou en arrière en formant un arc concave. Puis expirez, soulevez la région sacrale en rétractant l'abdomen et appuyez le menton sur le sternum jusqu'à former un arc convexe.

Répétez 5 ou bien 6 fois le cycle, en vous concentrant sur les mouvements effectués et sur les phases de la respiration qui les accompagnent.

Sardulasana stimule Muladhara, Svadhishthana, Manipura et Anahata, tonifie le complexe abdominal, assouplit la colonne, renforce la région pelvienne et augmente la puissance respiratoire.

Salambasarvangasana : position de tout le corps soutenu

Étendez-vous par terre sur le dos, les jambes réunies et les bras le long du corps. Tout en inspirant profondément, levez les jambes tendues et le bassin, puis pliez les bras et, avec les mains ouvertes, soutenez le buste. Le menton s'appuie sur le sternum ; les jambes restent réunies et bien tendues.

Maintenez cette position pendant 5 cycles respiratoires puis, tout en expirant, reposez lentement les jambes et les bras au sol. Salambasarvangasana est parfaite pour stimuler tous les Chakra ainsi que la circulation et la thyroïde, et très utile contre le prolapsus utérin, l'asthme et les hémorroïdes. Elle est contre-indiquée en cas d'hypertension, d'hyperthyroïdisme, de troubles des yeux, du nez et des oreilles.

Anantasana : position de Ananta

Allongez-vous sur le côté gauche, le bras gauche par terre. Pliez l'avant-bras pour soutenir la tête : le poignet s'appuie sur la tempe, la paume sur l'oreille, les doigts sur le cou ; le bras droit reste allongé le long du corps. Pliez alors la jambe droite et appuyez le pied sur la cuisse gauche. Attrapez avec la main droite le gros orteil (ou

la cheville) et tirez la jambe vers le haut. Maintenez la position pendant 10 cycles respiratoires, puis répétez de l'autre côté.

Anantasana relaxe le dos, tonifie les muscles pelviens et prévient la formation de hernies de l'aine. Elle réactive Muladhara, Manipura et Anahata.

Suptakonasana : position en angle renversé

Allongez-vous sur le dos. En inspirant, levez les jambes et écartez-les. Joignez les pieds, attrapez les gros orteils avec les mains, puis allongez les bras et les jambes sans jamais lâcher prise. Restez en position pendant 5-10 cycles respiratoires puis, en inspirant profondément, pliez les genoux. Terminez avec une expiration, en replaçant les bras et les jambes par terre, allongés.

Suptakonasana assouplit la colonne, le périnée et prévient les varices, les hémorroïdes et les autres troubles de la circulation de la partie inférieure du corps. Au niveau subtil, elle corrige les dysharmonies de Muladhara, Svadhishthana, Manipura et Anahata.

**Utthita Trikonasana :
position du triangle allongé**

Debout, les pieds écartés de 70-80 cm, écartez les bras en les plaçant parallèles au sol, les paumes vers le bas. Tournez le pied droit d'environ 90 degrés à droite, et orientez légèrement le gauche dans la même direction. En inspirant, fléchissez le corps à droite, en pliant le genou et en essayant de toucher le sol avec la paume de la main, et tendez l'autre bras vers le haut. Le regard se porte vers la main gauche. Gardez la position pendant au moins 30 secondes et répétez de l'autre côté. Utthita Trikonasana, qui concerne les trois pre-

miers Chakra, tonifie l'abdomen, les reins, l'intestin, réduit la graisse, assouplit la colonne et soigne maux de dos, sciatique et constipation.

Vajrasana : position de l'éclair

Mettez-vous à genoux, assis sur les talons ; écartez ensuite les jambes et les pieds de façon que les fessiers puissent s'appuyer sur le sol, au milieu. Les paumes des mains sont appuyées sur les cuisses.

Vajrasana agit sur le fonctionnement des trois premiers Chakra, et par conséquent soulage les troubles digestifs et menstruels, tonifie l'appareil sexuel et relaxe la musculature des jambes après une longue station debout.

Siddhasana : position parfaite

Assis par terre, le dos bien droit, portez
le pied gauche contre le périnée, tout en
gardant le genou bien en contact avec le
sol. Posez le pied droit sur le pied gauche
et pressez-le contre l'aine. Les paumes des
mains sont appuyées sur les genoux.
Siddhasana stimule Muladhara, tonifie la
région lombaire et l'intestin, renforce les
articulations des membres inférieurs et
affine la perception.

Ganapatiasana : position du sage Ganapati

Debout, les jambes bien tendues, chargez tout le poids du corps sur la jambe droite
et portez les bras en arrière en les entrelaçant derrière le dos. En inspirant, fléchissez lentement le buste vers l'avant jusqu'à ce qu'il soit parallèle au sol ; dans le même
temps, soulevez la jambe gauche bien tendue. Répétez en respectant les mêmes temps
avec l'autre jambe. Ganapatiasana tonifie Muladhara, renforce la mémoire et confère
stabilité et équilibre.

◼ La *mudra*

Il faut l'exécuter en fléchissant les deux bras, les mains dirigées vers le haut. Pliez les doigts en avant, mais sans trop fermer le poing.

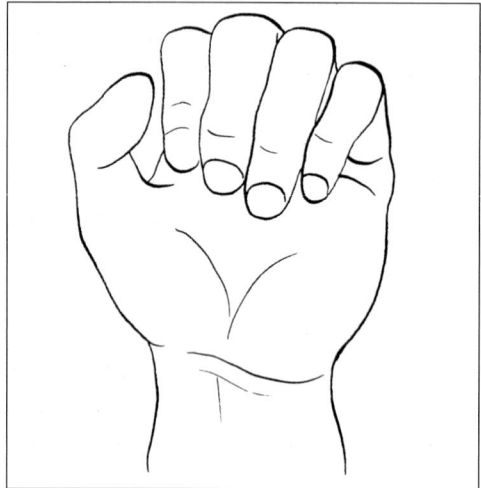

◼ La nourriture

La viande est la nourriture la plus animale, la plus instinctive que l'on puisse trouver. Toutefois, elle entraîne une digestion longue qui mobilise l'énergie de la partie inférieure du corps, limitant de ce fait légèrement celle qui parvient aux Chakra supérieurs.

Une quantité modérée de nourriture à base de viande pourrait se révéler positive, notamment pour ceux qui se sentent épuisés et désorientés. Mais attention à ne pas tomber dans l'excès, car l'abus de protéines animales alourdit et fatigue les reins.

Par ailleurs, la viande n'est pas le seul aliment protéique susceptible de fournir la base de l'alimentation : les haricots, les noix, les œufs, le lait et surtout les déri-

vés du soja, notamment le tofu, peuvent la remplacer avantageusement tout en assurant le respect de la loi yogique de l'*ahimsa* (non-violence) qui interdit de tuer tout autre être vivant.

◼ La musique

Le rythme idéal est monotone et saccadé, typique de l'expression musicale tribale qui favorise et souligne l'identification avec la nature. De la même façon, tous les sons présents dans la nature, le chant des oiseaux, le bourdonnement des insectes, le bruissement de l'herbe, sollicitent doucement Muladhara en le réveillant sans traumatisme. Il est utile de vocaliser le son *ohh*, en le prenant en *do*, afin de pousser l'énergie vers le bas, en direction des racines.

◼ Les couleurs

La couleur qui vibre en syntonie avec Muladhara et qui à son tour agit dans notre champ énergétique est le rouge, la fréquence la plus basse du spectre solaire : la couleur de l'amour et du sang, de la lutte et de la joie. Vous pouvez exposer la zone du Chakra (ou les parties du corps correspondantes) à une ampoule rouge, ou appuyer sur la peau un morceau de soie de la même couleur. Chaque matin, à jeun, buvez de l'eau de source, exposée aux rayons solaires pendant 24 heures dans une carafe transparente bandée de soie rouge.

En alternative au rouge qui est parfois trop voyant et violent, vous pouvez avoir recours au marron ou au vert-mauve qui sont également émis par ce Chakra et par conséquent propres à régénérer et à rééquilibrer les organes concernés.

■ Les cristaux

Le grenat, placé sur le Chakra de la racine ou utilisé en effleurant délicatement la partie du corps correspondante, développe la force, le courage, la volonté de vivre et d'opposer une résistance aux maladies et aux difficultés. Il régénère les dommages des tissus et de la peau et console ceux qui ont du mal à accepter la mort de personnes chères. Pour leur part, le corail rouge et le rubis vivifient l'énergie créatrice, nourrissent, réchauffent et purifient le corps et l'esprit. De la même façon, le jaspe sanguin réactive la nature instinctive.

Le quartz fumé rétablit quant à lui la communication avec la mère terre, confère stabilité et patience et désintoxique de l'abus de tabac ; la variété comportant des inclusions vertes protège des influences négatives de l'environnement.

La tourmaline noire, amie de Muladhara et des Chakra de la plante des pieds, protège le corps physique d'éventuelles présences étrangères pendant la méditation et préserve des effets nuisibles des ondes hertziennes.

L'agate, enfin, aide à découvrir le sens de la vie et aide les nouveaux parents dans leur effort pédagogique.

■ Les parfums

L'huile essentielle de cèdre du Liban, utilisée pour parfumer l'environnement ou ajoutée directement à l'eau du bain, réactive la vitalité et diminue l'anxiété. Elle peut aussi être utilisée pour masser les jambes, qui sont reliées à Muladhara, et surtout la plante des pieds. Elle est plus efficace si au préalable on stimule les jambes en frappant le sol vigoureusement plusieurs fois, en les frottant ou en pratiquant des mouvements circulaires avec un bâtonnet à pointe arrondie. Le girofle est également précieux, surtout si le premier Chakra est bloqué, car il libère des habitudes contraignantes et ouvre à nouveau la voie aux énergies fraîches et vigoureuses du renouvellement.

■ La méditation

Choisissez une chaise avec un dossier haut et asseyez-vous le dos bien droit et les pieds réunis. Réglez la hauteur en vous aidant d'un coussin de façon que vos pieds s'appuient sans effort par terre et que vos cuisses et vos jambes forment un angle de 90 degrés, exactement dans la position des pharaons égyptiens assis sur le trône.

Maintenant, visualisez une racine rouge qui se développe depuis la plante des pieds, en s'enfonçant de plus en plus profondément dans le sol. Il ne faut pas l'imaginer comme un élément statique, mais comme un être qui bouge et respire avec vous, et en vibrant émet des rayons rouges et lumineux. Vous pouvez également visualiser un triangle rouge, avec le vortex vers le bas et au centre un grand feu ; ou bien inspirer et imaginer que le *prana* remonte le long de la colonne jusqu'à Sahasrara et le faire redescendre en poussant vers le bas jusqu'à Muladhara, puis expirer par le nez en quatre fois en évitant de rééquilibrer chaque souffle avec une inspiration imperceptible.

Commencez alors à répéter le *bija* de Muladhara, *lam*, et visualisez peu à peu sur votre écran mental (noir au début) le symbole du Chakra. Il s'agira au début d'une simple forme géométrique, à laquelle vous ajouterez, lorsque vous maîtriserez davantage cette technique, tous les détails : les pétales, les lettres, l'éléphant, les images divines.

Vous pouvez également dessiner sur un petit carton de 50 x 50 cm un cercle avec quatre pétales, en mettant bien en évidence les contours avec du noir. Sur l'autre côté du carton, il faudra répéter la même image en colorant cette fois en violet le centre et les pétales en vert. Il ne s'agit pas des couleurs réelles du Chakra, mais de leurs complémentaires, d'où l'œil trouvera grâce à la méditation, par contraste, la tonalité naturelle. Fixez pendant quelques minutes les contours du Chakra en noir et blanc, jusqu'à ressentir la fatigue et le picotement des yeux. Alors, fermez les yeux : vous vous rendrez compte que l'image a tendance à se former spontanément sur cette sorte de tableau noir, le champ visuel que l'on obtient les yeux fermés. Ouvrez à nouveau les yeux, fixez l'image en couleur. Fermez les yeux et vous découvrirez que l'image reproduite dans votre champ visuel a les teintes naturelles : lotus jaune et pétales rouge cramoisi. Gardez l'image quelques instants, sans effort, ensuite scellez le Chakra en visualisant sur celui-ci une croix lumineuse et « couvrez-le » avec une toile imaginaire de lumière blanche.

Svadhishthana Chakra

Mandala

Nom sanscrit: Svadhishthana.

Signification: être à sa propre place.

Position: base de la colonne, sacrum.

Mots clés: sexualité, créativité, sécurité.

Fonctions: désir, plaisir, sexualité, procréation, imagination, créativité.

Rotation: à droite pour la femme, à gauche pour l'homme.

Tattva: eau.

Couleur du tattva: blanc ou bleu ciel.

Forme du tattva: demi-lune.

Nombre de pétales: six.

Couleur des pétales: vermillon.

Lettres devanagari: bham, bam, mam, yam, ram, lam.

Syllabe sacrée: vam.

Voyelle: uhh.

Note de musique occidentale: ré.

Note de musique indienne: Ga.

Musique: mélodieuse; danses folks.

Divinités correspondantes: Brahma, Vishnu, Varuna, Rakini.

Caractéristiques psychiques: imagination, changement, créativité.

État intérieur: pleurs, émotions.

État extérieur: liquide.

Durée du sommeil: 8-10 heures.

Position du sommeil: recroquevillé.

Actions: sentir, percevoir.

Obstacles: luxure, tristesse, illusion, peur, désespoir.

Glandes: gonades, lymphatiques (ganglions).

Parties du corps: organes sexuels, reins, fluides du corps, sang.

Sens: goût.

Maladies physiques: dysfonctionnement des reins, diabète, néphrite, troubles de la circulation.

Maladies psychiques: anxiété, illusion, annulation, impuissance.

Vayu: apana.

Âge: 8-14 ans.

Plan: Bhuvar Loka (plan éthérique).

Planètes: Chandra (Lune), Sukra (Vénus), Budha (Mercure).

Signes zodiacaux: Cancer, Balance.

Métaux: argent, étain.

Nourriture: liquides.

Parfums: ylang-ylang, santal, gardénia, camphre, lys, romarin, rose, géranium, musc, ambre gris.

Couleurs: blanc, orange.

Pierres: opale blanche, ambre, corail, tourmaline rouge, cornaline, cristal de roche, sélénite, topaze, quartz citrine.

Animaux: crocodile, poissons, serpents, créatures marines.

Force en œuvre: attraction des opposés.

Yoga: Tantra yoga.

Guna: tamas.

Direction: sud.

Fleurs de Bach: Agrimony, Aspen, Cherry Plum, Clematis, Heather, Holly, Honeysuckle, Willow.

Svadhishthana signifie littéralement « rester à sa propre place », c'est-à-dire « la demeure du soi ». Il semblerait en effet qu'à l'origine le siège naturel de la Kundalini n'était pas Muladhara mais Svadhishthana Chakra. Ensuite, la chute eut lieu et celle-ci précipita l'énergie jusqu'au Chakra de base. Mis à part la légende, un détail très important subsiste : Muladhara et Svadhishthana sont très proches, non seulement du point de vue spatial mais aussi en ce qui concerne leurs fonctions.

Localisé à la base de la colonne, le deuxième Chakra, connu en tant que « plexus sacral », exerce une influence importante sur le cerveau, en particulier sur la sphère de l'inconscient. C'est pourquoi, lorsque a lieu le réveil de Svadhishthana, le pratiquant traverse un moment de grande confusion mentale : désespoir, peur, illusions jusqu'aux limites de l'inconscience. Toutes les expériences précédentes, les *karman* des vies passées, les traces héritées des états évolutifs précédents, se révèlent dans un ouragan de sensations et de souvenirs flous et fluctuants. Ils doivent se faire jour, se manifester, et ils le font à travers les comportements les plus illogiques, les tournures les plus dramatiques de la passion : l'amour, la haine, l'avidité, la jalousie, la possession, la colère. Mais ce qui différencie l'homme de l'animal est la capacité à dominer ses instincts, et le siège du contrôle divin est Svadhishthana.

C'est ici que l'on retrouve tout ce que l'on a désiré, ce qui a été demandé, et qui pourtant fait partie de la vie actuelle, fruit de *karman* indistincts et inconscients,

pleins de fumée au point qu'ils ne peuvent être analysés. Voilà pourquoi l'élément du Chakra est l'eau, adaptable, fluctuante, plus instinctive que consciente : le berceau chaud et protecteur où nous avons séjourné pendant neuf longs mois dans l'obscurité du ventre maternel, la « maison douce » d'où nous venons. Mais l'eau est aussi le *tattva* de l'imagination et de la créativité qui intervient quand l'individu commence à se relater et à communiquer avec la famille et avec les autres êtres.

Cela explique la présence du dieu Brahma avec Vishnu, en qualité de gardiens de Svadhishthana. Brahma est la divinité créatrice du monde et en même temps Hiranyagarbha, c'est-à-dire « embryon doré ». Dans son aura, en forme d'œuf en or géant, toutes les formes voient le jour et se dirigent lentement vers leur propre évolution. Sa compagne Sarasvati, la sagesse, est à ses côtés le long de son chemin. En effet, sans elle, l'acte de la création serait un exercice aveugle et répétitif. Sarasvati prend ensuite la forme de Rakini, afin de se relier au monde végétal. Et de fait, c'est pendant cette phase de la *sadhana* que le pratiquant adopte spontanément un régime complètement végétarien.

■ Aspect physique et caractère

Chakra de transformation et de mouvement, Svadhishthana est accroché au nerf sciatique d'où il veille à la mobilité des jambes. Il a une fonction régulatrice sur le système *vajroli*, à savoir les reins, la prostate et les testicules chez l'homme, les ovaires chez la femme et, par analogie avec l'élément eau et avec les cycles lunaires auxquels il est relié, sur la circulation et l'élimination de tous les liquides corporels, le sang, le liquide lymphatique, les sucs gastriques, le sperme. En outre, probablement grâce au liquide salivaire, il gouverne la langue et le sens du goût qui permet de distinguer ce qui est appétissant, bon ou mauvais pour le corps.

L'enfant entre 8 et 14 ans suit les impulsions du deuxième Chakra. Il dort encore beaucoup, entre 8 et 10 heures par jour, souvent en position recroquevillée comme le fœtus qui baigne dans les eaux maternelles. Mais au lieu de persévérer dans les attitudes égocentriques et défensives propres à l'enfance, il cherche désormais à établir le contact et l'échange avec les membres de sa famille et surtout avec les amis et l'autre sexe pour lequel, au fur et à mesure qu'il prend conscience de son corps, il éprouve les premières sensations de désir.

Il s'agit là de la phase de la vie où, sollicité par son imagination, le jeune commence à trouver les limites de la réalité quotidienne trop étroites ; si ces stimulations trop intenses ne rencontrent pas le contrepoids nécessaire du sens de la réalité dicté par le premier Chakra, on se trouve face aux inquiétudes et aux révoltes confuses typiques de l'adolescence. Sous l'influence de Svadhishthana, en effet, la vision de la vie devient extrêmement romantique. On a alors tendance à se surestimer et à se voir dans la peau du héros, seul paladin du bien dans un monde injuste et cruel.

Mais c'est justement sous ces impulsions que voient le jour les meilleures œuvres, et toute la sphère du travail manuel et de l'art se réveille et donne ses fruits. Par analogie avec le *tattva* de l'eau, le sentiment commence à s'exprimer librement, comme si une rivière en crue balayait tous les obstacles et lavait toutes les impuretés dont on était chargé. Mais, alors qu'au niveau du premier Chakra, l'envie et la jalousie concernaient le plan matériel de la possession, les émotions qu'il convient à présent de maîtriser ont trait aux capacités et aux qualités des autres ; il suffit de penser aux crises des adolescents pour un modèle qu'ils n'arrivent pas à copier, le chanteur plein d'énergie, l'amie mince, la sœur première de la classe.

Le fonctionnement harmonieux du deuxième Chakra se manifeste par l'écoulement spontané des émotions et des sentiments, surtout envers les individus du sexe opposé.

De l'équilibre avec la personne aimée, réalisé à travers l'union des contraires, découle tout le processus d'harmonisation et de participation à l'œuvre de la nature, d'où jaillissent les inspirations artistiques les plus élevées.

Quand Svadhishthana fonctionne à la perfection, on est heureux de vivre et de faire partie de la création, avec dans le cœur l'enthousiasme et une sorte de doux étonnement. Les sentiments sont immédiats et spontanés, les actions, jamais agressives ni dictées par un esprit de compétition, toujours orientées à des fins créatives.

■ Fonctionnement en excès

Ceux qui pleurent ou urinent trop souvent, ceux qui soupirent devant chaque obstacle, qui s'émeuvent ou sont enclins à des changements brusques d'humeur peuvent avoir une certitude : ils souffrent d'un excès énergétique au niveau du deuxième Chakra.

Il s'agit d'un trouble assez fréquent pendant les années de la puberté, quand le réveil de la sexualité génère des confusions et des incertitudes. Il arrive parfois que le potentiel créatif de l'énergie sexuelle, dans l'impossibilité de s'exprimer spontanément, se manifeste de façon irrégulière avec des fantaisies et des attitudes violentes, ou des crises d'ennui sans raison.

Les relations avec l'autre sexe, qui suscitent à la fois désir et crainte, génèrent de fortes tensions et des sentiments d'incertitude ; c'est pourquoi elles se limitent parfois au simple assouvissement sexuel sans faire entrer en jeu les sentiments et les implications émotionnelles. Aucune des relations entreprises ne semble être satisfaisante, pourtant on ne se rend pas compte que la raison de cette insatisfaction n'est pas à imputer au partenaire mais plutôt à soi-même. Dans les cas extrêmes, les déceptions dues à une mauvaise approche des autres se cristallisent dans des attitudes d'omnipotence et de mépris envers le reste de l'humanité.

■ Fonctionnement déficient

Si, par contre, les difficultés sont liées au gonflement ou au manque de désir sexuel, il s'agit d'un problème dû à une carence : la quantité d'énergie qui circule dans le Chakra n'est pas suffisante ou, lorsqu'elle est présente, elle n'est pas canalisée correctement. Le problème remonte généralement à l'enfance ; des parents trop sévères ou absents, avares de caresses et de gestes affectueux, répriment sans le vouloir l'expansion normale du Chakra et la réception naturelle aux stimulations et aux messages envoyés par les sens. Il en résulte un adulte incapable de s'aimer et de croire dans sa propre séduction, plutôt froid, inhibé, embarrassé du point de vue émotionnel, voire insensible aux joies de la sexualité.

■ Le symbole

Le lotus de Svadhishthana a six pétales d'un ton rouge vermillon mélangé au carmin, la couleur de l'oxyde de mercure auquel est lié symboliquement le Chakra. Leur nombre répond à une symbolique bien précise ; il résulte du croisement de deux triangles, dont l'un est droit, le masculin, et l'autre renversé, le féminin. Six est le chiffre de l'amour physique et de l'union des sexes.

Dans certaines représentations, ce symbole comprend un cercle bleu clair, la couleur de l'eau, emblème de la fluidité de Svadhishthana, ainsi qu'une deuxième fleur de lotus aux pétales tournés vers l'extérieur (la conscience) et une troisième, repliée sur elle-même (l'inconscient), portant inscrite à l'intérieur, en or, la syllabe sacrée *vam*, *mantra* de l'ancien dieu du ciel Varuna. Le complètent un croissant de lune, Chandra, symbole de l'élément eau et des marées émotionnelles où la terre de Muladhara s'est dissoute, et Makara, le crocodile à la gueule grande ouverte chevauché par le dieu Varuna.

Ce crocodile, bien que sensuel, est loin d'être inoffensif. Il est stimulé par de forts appétits sexuels et n'hésite pas agir par ruse pour capturer sa proie. Makara est l'imagination ondulante, le désir qui brûle, la passion trompeuse qu'il faut contrôler et freiner afin de pouvoir la dépasser, l'eau obscure de l'inconscient où germent les graines de la conscience. Mais si le crocodile pleure chaque fois qu'il cède à une passion, l'école tantrique ne renie pas les instincts et les émotions à travers lesquels il faut passer pour les surmonter.

Le symbole de la lune, d'ailleurs, semble être orienté dans la même direction. Cet astre gouverne tout ce qui est mystérieux, fuyant, invisible, obscur. Tout comme la lune agit sur le cycle féminin et les marées, les désirs et les passions peuvent agiter des océans d'énergie. Il s'agit toutefois d'une arme à double tranchant, comme le laissent entendre les deux têtes de la déesse Rakini, qui veille sur le deuxième Chakra.

Si d'un côté la détermination à obtenir quelque chose canalise la volonté et favorise l'expansion de la personnalité, de l'autre, cet attachement déplace la concentration de l'intérieur vers l'extérieur et met en situation de précarité l'équilibre, principe et objectif du yoga. Ce n'est pas un hasard si le gardien de Svadhishthana, Vishnu, en représente la fonction procréatrice. Il est assis sur une fleur de lotus rose et tient quatre objets indispensables pour apprécier la vie : la coquille qui enferme les sons de l'océan ; l'anneau de lumière, emblème du temps qui détruit les obstacles et les dysharmonies ; le bâton en métal qui contrôle la terre et l'assouvissement des désirs ; le lotus qui calme les excès des sens et qui, bien qu'il ait grandi dans la boue, est toujours pur et lumineux. Sa compagne, la terrible Rakini, inspiratrice de chaque création artistique et musicale, montre deux faces aux couleurs vives et est habillée d'un sari rouge feu (en relation symbolique avec le sang) couvert de

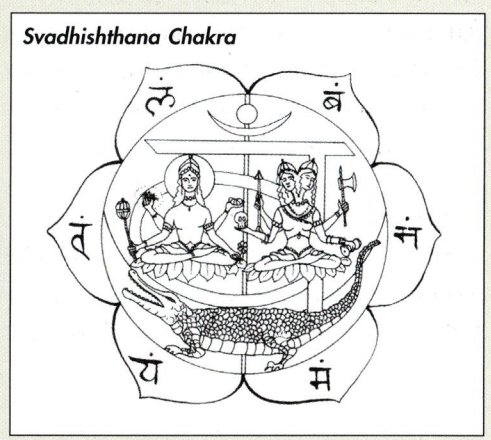

Svadhishthana Chakra

bijoux. Elle tient dans ses quatre mains une flèche, tirée avec l'arc de Kama, le dieu de l'érotisme ; un crâne, marque de l'individu romantique en proie à ses passions ; un tambour qui souligne le pouvoir de la musique et du rythme sur Svadhishthana ; une hache avec laquelle elle abat les obstacles présents au niveau du deuxième Chakra.

■ Le réveil du deuxième Chakra

Comme la lune reflète la lumière du soleil, la concentration sur Svadhishthana permet à l'esprit de réfléchir sur le monde. Elle apprend à utiliser l'énergie créative indispensable pour progresser en se libérant du poids de la jalousie, de la colère, de la concupiscence. La sensation bénéfique de pureté et de paix qui en découle ouvre la voie au réveil de la conscience intuitive et à la capacité de communiquer avec les plans subtils.

En outre, grâce à la liaison de ce Chakra avec le goût, Svadhishthana confère le pouvoir de goûter à tout ce que l'on désire pour soi et pour les autres, éloigne la fatigue et la maladie, rend bienveillant et disponible pour les échanges avec son prochain.

Le cri, les coups de pied, la lutte, la rotation du bassin, les pleurs, les profonds soupirs, les hochements énergiques de tête sont des moyens plus ou moins conscients pour libérer l'énergie de Svadhishthana. À ces éléments s'ajoutent la natation, le surf, la voile, le chant accompagné d'un instrument à cordes, ainsi que toutes les techniques yogiques proprement dites : postures, respiration et contractions.

■ Les techniques

Bain de lune

Choisissez une posture confortable qui vous permette de garder le dos bien droit. Posez un récipient transparent, en verre ou en cristal, jamais en plastique, plein d'eau devant vous, à la hauteur des yeux. Fixez-le pendant 5 minutes en y plongeant le regard jusqu'à ce que vous soyez complètement entouré d'eau, immergé dans l'eau. Soulevez ensuite le récipient et buvez trois gorgées en vous concentrant sur la sensation de propreté et de fraîcheur qui descend jusqu'à l'estomac.

Plongez les doigts dans le récipient et imaginez que l'eau traverse votre corps, en ruisselant dans vos veines, pour laver vos muscles et vos organes. Terminez en vous rinçant le visage et en vous aspergeant les bras, le corps et les cheveux.

Ces « ablutions » des émotions seront plus efficaces pendant les jours de pleine lune, marqués sur le calendrier par un petit cercle clair. Il convient dans ce cas d'exposer pendant quelques heures l'eau aux rayons lunaires ; en vertu de son exceptionnelle réceptivité, l'eau s'imprègne en effet des vibrations lunaires, un tonique précieux pour la sphère émotionnelle. Vous pouvez faire davantage : immerger les mains et les pieds et fixer pendant au moins 5 minutes, sans ciller des yeux, le disque pâle de notre satellite.

Devi Mudra : le geste de la déesse

Allongez-vous sur le dos, les jambes tendues, et relaxez chaque fibre, chaque muscle de votre corps. Puis pliez les jambes et placez vos pieds à côté des fessiers. Écartez les genoux en essayant de les rapprocher du sol. Vous éprouverez une sensation d'étirement à l'intérieur des cuisses, ne poussez pas à l'extrême. Arrêtez-vous dès que la tension commence à être gênante et, calmement, resserrez les genoux.

Outre une action positive sur l'appareil génital et sur les reins, Devi Mudra aide à contrôler les émotions.

Adityasana : position de la mère divine

Asseyez-vous par terre, les jambes pliées et les genoux écartés. Saisissez vos chevilles et unissez les plantes des pieds en tendant les bras et en portant les épaules en arrière. Avec une inspiration profonde, étirez la colonne ; puis, en expirant, relaxez les épaules. Répétez l'exercice plusieurs fois puis, tout en expirant, pliez lentement le buste vers l'avant ; dans le même temps, lâchez vos chevilles et posez les

mains sur la pointe des pieds. Pour effectuer une position complète, il faudrait toucher terre avec le front et les avant-bras, mais même s'il est incomplet, l'exercice reste efficace. Gardez la position finale pendant 5-10 cycles respiratoires puis, avec une inspiration lente, soulevez d'abord la tête et ensuite le buste. Adityasana agit sur l'appareil génital, la vessie et les reins, tout en favorisant le contrôle émotionnel.

Utthita Konasana : position en angle soulevé

Asseyez-vous par terre en gardant le dos bien droit, les jambes tendues vers l'avant. Inspirez profondément puis, pendant la phase d'expiration, pliez le buste vers l'avant. Attrapez le pied droit avec la main droite du côté extérieur en soulevant la jambe et appuyez la main gauche sur le genou droit.

Gardez cette posture pendant 5-10 cycles respiratoires, puis reposez la jambe au sol en expirant. Utthita Konasana tonifie les muscles des jambes et du dos. Elle a une action stimulante sur Svadhishthana et sur Manipura.

Dhanurasana : position de l'arc

Allongez-vous sur le ventre, les bras le long du corps et le menton au sol. Inspirez puis, en expirant, écartez légèrement les jambes. Pliez les genoux, saisissez les chevilles (ou les orteils) avec les mains. Inspirez profondément, levez le menton et le buste, et dans le même temps, décollez les genoux du sol en prenant une position d'arc. Gardez la position pendant quelques cycles respiratoires puis, en expirant, revenez à la position de départ. Dhanurasana tonifie les organes abdominaux et les reins, assouplit la colonne, lutte contre la cellulite et augmente la capacité respiratoire. Elle est toutefois déconseillée en cas de hernie de l'aine, d'arthrose cervicale et d'hypertrophie du foie et de la rate. Elle agit sur Svadhishthana, Manipura et Anahata.

Ustrasana : position du chameau

Agenouillez-vous et appuyez les mains sur les reins de façon que les pouces soient en contact derrière le dos. Inspirez en bombant la poitrine. Laissez glisser vers l'arrière, d'abord la tête, ensuite les épaules et le buste. Étirez les bras jusqu'à attraper les talons, puis cambrez le dos de façon que les bras et les jambes restent parallèles. Gardez la position pendant quelques cycles respiratoires puis, en inspirant, soulevez lentement le buste ; en expirant, asseyez-vous sur les talons.

Ustrasana stimule en même temps Svadhishthana, Manipura et Anahata, tonifie l'appareil génito-urinaire, fortifie le bassin et la colonne, élimine les toxines et la cellulite, redresse les épaules voûtées. Elle est déconseillée en cas de hernie discale et d'hypertrophie du foie et de la rate.

Bhujangasana : position du cobra

Allongez-vous sur le ventre, les jambes réunies, les mains sous les épaules et le front touchant le sol. Inspirez profondément, soulevez légèrement la tête, en courbant le cou, les épaules et le buste, alors que le bassin reste ancré au sol. Gardez la posture pendant quelques cycles respiratoires puis, en expirant, ramenez la poitrine, les épaules et le front par terre. Précieuse pour le système nerveux, les reins, les organes génitaux et la colonne, Bhujangasana est déconseillée en cas de hernie ou d'arthrose cervicale. Elle stimule Svadhishthana, Manipura, Anahata et Vishuddha.

Anjaneyasana : position du singe

À genoux, portez le pied droit vers l'avant en veillant à ce que la jambe droite reste parallèle à la cuisse gauche. Portez le corps vers l'avant, en déchargeant le poids sur le pied droit adhérant bien au sol. Inspirez, puis tendez les bras au-dessus de la tête en regardant vers le haut. Après quelques cycles respiratoires, terminez en expirant, en baissant les bras et en vous asseyant lentement sur les talons. Répétez de l'autre côté.

En stimulant en même temps Svadhishthana, Manipura et Anahata, Anjaneyasana affine les hanches, assouplit la colonne et améliore les capacités respiratoires.

Natarajasana : position de Shiva, roi de la danse

Debout, les jambes réunies, soulevez en même temps le bras gauche vers l'avant et le bras et la jambe droits vers l'arrière. Attrapez la cheville et, en expirant, pliez le buste vers l'avant en creusant légèrement le dos. Après quelques cycles respiratoires, inspirez, redressez le buste et baissez les bras et la jambe. Répétez de l'autre côté. Natarajasana améliore l'équilibre et la digestion, assouplit la colonne et tonifie les muscles des jambes et des bras. Elle exerce une action rééquilibrante sur tous les Chakra, à l'exception du premier et du dernier.

Ugrasana : position terrible

Asseyez-vous par terre, les jambes tendues et les mains appuyées sur les genoux. En expirant, pliez le buste vers l'avant en essayant de pousser les coudes vers le sol. Gardez la posture pendant quelques instants puis, en inspirant, soulevez-vous lentement.

Ugrasana tonifie les organes génitaux, les reins, la colonne et le système nerveux. Elle facilite la diurèse et diminue les migraines. Outre Svadhishthana, elle tonifie et rééquilibre Manipura.

Marichyasana : position du sage Marishy

Assis par terre les jambes réunies, pliez la jambe droite et amenez le talon à côté de la fesse droite. En expirant, tournez les épaules vers la gauche en portant le bras gauche derrière le dos ; en même temps, passez le bras droit autour de la jambe droite pliée et joignez les mains. Res-

tez en position pendant quelques cycles respiratoires, puis répétez de l'autre côté. Vous pourrez par la suite améliorer la posture, en pliant avec une expiration le buste vers l'avant, jusqu'à ce que la tête touche le genou de la jambe allongée. Marichyasana soigne l'arthrose, le diabète, la sciatique et la constipation, réduit l'obésité, renforce la colonne et tonifie l'intestin, le foie et les reins. Elle agit sur tous les Chakra, à l'exception du premier et du dernier.

Garbha Pindasana : position de l'embryon dans le ventre

Asseyez-vous par terre les jambes croisées. Faites passer les bras à l'intérieur des jambes et soulevez-les en expirant.

Dans cette position, le corps se trouve en équilibre sur la zone sacrée, les jambes reposant dans le creux des coudes. Garbha Pindasana rééquilibre Muladhara, Svadhishthana, Manipura et Vishuddha, tonifie l'intestin, atténue les troubles de la vue et de la gorge, renforce la sexualité et guérit des otites et des rhumes chroniques.

▪ La *mudra*

La main droite se trouve sur l'abdomen, la paume tournée vers le corps et les doigts légèrement écartés. La main gauche est appuyée en biais un peu plus haut, le pouce bien ouvert vers l'extérieur.

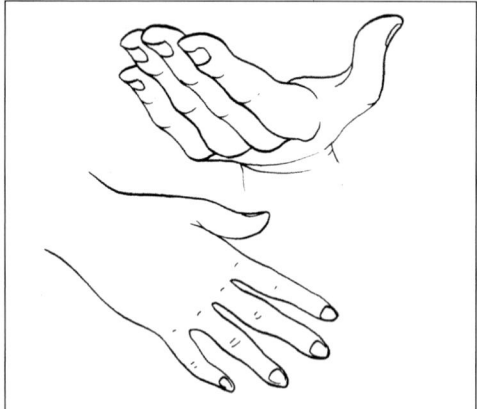

▪ La nourriture

Par analogie avec l'élément eau et avec la lune qui le gouverne, Svadhishthana demande une alimentation principalement liquide : soupes, lait, yaourts, potages, tisanes et jus de fruits. Cela aide le fonctionnement des reins, en acidifiant le sang et en facilitant l'élimination des toxines. Il convient d'ajouter trois ou quatre fois par semaine des œufs, du poisson, des crustacés ou de la volaille.

▪ La musique

Svadhishthana préfère le genre mélodieux, relaxant, harmonieux, alerte, en syntonie avec la joie de vivre.
Qu'il s'agisse d'une musique de danse langoureuse ou de chansons populaires

enlevées, il est préférable qu'elles soient accompagnées d'un instrument à cordes. L'essentiel est de percevoir les notes de saine sensualité et de laisser s'écouler librement les émotions trop souvent réprimées. Trouvez du temps pour vous immerger dans la nature afin d'écouter le chant des oiseaux et le ruissellement de l'eau. Toujours en plein air, vocalisez la voyelle *uhh*, en la prenant en *ré*. Vous produirez ainsi un mouvement circulaire de l'énergie qui, en harmonisant la polarité masculine avec la polarité féminine, réalise une unité parfaite en mesure de réveiller les émotions les plus profondes.

▪ Les couleurs

Svadhishtana émet de l'énergie blanche et azurée, la couleur de la lune et de l'eau, mais comme l'enseignent les doctrines ayurvédiques, la couleur cachée de l'eau est l'orange, car c'est dans l'eau de la mer que la sphère orange du soleil se jette tous les soirs.
L'orange est la couleur des charbons ardents, du four alchimique qui reçoit la substance et la transforme sans la brûler ; elle apporte la joie, la vitalité, le bien-être, stimule l'énergie sexuelle sans l'exaspérer, invite à s'abandonner avec joie aux stimulations des sens et libère des schémas mentaux trop rigides.

▪ Les cristaux

Le cristal de roche, l'opale blanche, la sélénite aux vibrations lunaires, élargissent le potentiel émotionnel et libèrent de la timidité, de la rigidité et de la peur, en sauvegardant en même temps l'équilibre hormonal chez la femme.

La tourmaline rose, posée directement sur le Chakra, est parfaite pour ceux qui présentent des blocages sexuels.

La cornaline stimule l'énergie créative et la capacité de s'étonner et de s'émouvoir devant le miracle sans cesse renouvelé de la nature.

L'ambre et la citrine ont un effet bénéfique sur Svadhishthana : ils guérissent de la dépression, soignent les émotions blessées, adoucissent les passions sauvages et aident à accepter sa propre sexualité.

■ Les parfums

À ce Chakra conviennent les arômes naturels avec un effet aphrodisiaque, et notamment l'ylang-ylang qui accentue les sensations et, en même temps, relaxe quand il faut s'abandonner.

Le bois de santal agit également : il renforce la sexualité, stimule l'imagination et élève à travers l'union physique avec la personne aimée. Dans cette intention, vous pouvez aussi parfumer la chambre à coucher, les matelas et les oreillers avec de l'essence de romarin, de rose et de géranium. Le musc et l'ambre gris sont à utiliser avec modération et seulement pour calmer l'activité déréglée de Svadhishthana.

■ La méditation

Assis, le dos bien droit, sans croiser les jambes ni les bras, accomplissez quel-

ques cycles de respiration profonde, en inspirant l'air par les narines, en le gardant quelques instants et en l'expirant avec force par la bouche.

D'abord, l'expiration se fera d'un coup ; après quelques minutes, il faudra fractionner l'expulsion, comme l'enseigne la pratique du Kriya yoga qui nettoie les Chakra en les balayant à l'aide de la respiration, en six petits souffles, le nombre de pétales de Svadhishthana. Attention de ne pas inspirer de l'air par des inspirations alternées : les souffles servent à éliminer l'air stocké pendant l'inspiration, sans en introduire encore.

À présent, visualisez un cours d'eau fraîche et propre, un ruisseau, une source, et imaginez que vous le parcourez, les pieds et les jambes immergés.

Une fois rafraîchi, immergez les mains en coupe pour prendre de l'eau et buvez-en quelques gorgées. Regardez vos mains : l'eau est luisante, elle brille comme de l'or liquide qui s'écoule en vous et vous purifie.

Commencez alors à vocaliser la syllabe sacrée *vam*, en essayant de percevoir la vibration jusqu'au plus profond de votre être. Visualisez peu à peu le symbole du deuxième Chakra, en essayant de reconstruire sur votre écran mental (noir au début), d'abord la forme géométrique, ensuite les couleurs, les pétales et, à mesure que votre technique s'améliorera, tous les détails.

Comme précédemment, vous pouvez vous aider en dessinant sur un carton (50 x 50 cm) le symbole graphique de Svadhishthana : un cercle orange avec un point au milieu et six pétales verts. Il ne s'agit pas des couleurs réelles de Svadhishthana, mais de leurs complémentaires. Pour en être certain, il suffit de fixer pendant quelques minutes l'image, jusqu'à ce que les yeux commencent à piquer. Fermez les yeux et vous verrez se former à nouveau sur votre écran mental le lotus à six pétales, mais cette fois, par effet de contraste, dans ses couleurs réelles, azur et rouge. Terminez en imaginant une croix lumineuse qui ferme le Chakra, puis voilez-le avec une toile imaginaire de lumière blanche.

Manipura Chakra

Mandala

Nom sanscrit: Manipura.

Signification: ville de bijoux.

Position: entre le nombril et le plexus solaire.

Mots clés: affirmation, assimilation, logique.

Fonctions: volonté, pouvoir.

Rotation: à droite pour l'homme, à gauche pour la femme.

Tattva: feu.

Couleur du tattva: rouge.

Forme du tattva: triangle renversé.

Nombre de pétales: dix.

Couleur des pétales: jaune.

Lettres devanagari: dham (linguale), dam (linguale), ram, tam, tham, dam (dentale), nam, pam, phasm.

Syllabe sacrée: ram.

Voyelle: ahh.

Note de musique occidentale: mi.

Note de musique indienne: Ri.

Musique: genre orchestral, instruments à vents.

Divinités correspondantes: Lakini, Rudra, Agni.

Caractéristiques psychiques: désir de pouvoir et de gloire, égocentrisme, émotivité incontrôlée.

État intérieur: rage, joie.

État extérieur: plasmatique.

Durée du sommeil: 7-8 heures.

Position du sommeil: allongé sur le dos.

Actions: pouvoir.

Obstacles: timidité, peur de la vie sociale.

Glandes: pancréas, surrénales.

Parties du corps: appareil digestif, yeux, pieds.

Sens: vue.

Maladies physiques: ulcère, diabète, hypoglycémie, faiblesse de la vue.

Maladies psychiques: sentiment de supériorité, orgueil, égoïsme.

Vayu: samana.

Âge: 15-21 ans.

Plan: Svarga Loka (plan céleste).

Planètes: Ravi (Soleil), Kuja (Mars) et, d'après les traditions anciennes, Budha (Mercure).

Signes zodiacaux: Lion, Bélier.

Métaux: or, bronze.

Nourriture: amidons, sucreries, café.

Parfums: lavande, girofle, romarin, souci, cannelle, bergamote, ylang-ylang.

Couleurs: jaune.

Pierres: ambre, topaze, quartz citrine, œil-de-tigre, pyrite ferreuse.

Animaux: bélier.

Force en œuvre: combustion.

Yoga: Karma yoga.

Guna: rajas.

Direction: ouest.

Fleurs de Bach: Beech, Centaury, Hornbeam, Impatiens, Mimulus, Vine, Wild Oat.

Le troisième Chakra, qui se trouve près du nombril, en correspondance directe avec le plexus solaire, a un nom tout à fait emblématique : Manipura, qui signifie en sanscrit « ville de bijoux », alors que dans la tradition tibétaine il est connu sous le nom de Mani Padma, qui signifie « lotus couvert de bijoux ».

Il s'agit donc d'un vocable qui évoque la lumière, l'éblouissement de l'or et la chaleur du soleil, en synthèse avec l'élément feu, Agni, qui est en affinité étroite avec le Chakra. Comme le soleil est le centre du système solaire, son point de repère, ainsi Manipura est-il le centre de gravité de l'homme, le soleil interne qui lui donne force, stabilité et chaleur.

Grâce à Manipura, l'individu entre en contact avec les autres êtres et fait rayonner ses énergies émotionnelles dans des relations sympathiques ou antipathiques, en se fermant sur lui-même face à un danger extérieur ou en s'ouvrant dans des situations de bien-être et de syntonie avec l'entourage. Il s'élève au-dessus du dualisme et trouve un point d'équilibre dynamique entre les opposés ; il découvre son identité sociale, la mesure de sa valeur, qu'il essaie de renforcer avec l'affirmation de soi et la lutte pour le succès.

Avec Manipura, égoïsme et altruisme, pôle positif et négatif coexistent sans se heurter. Ici convergent le haut et le bas, s'affinent, se coordonnent et se transforment les impulsions à l'état brut des Chakra inférieurs, tandis que la richesse spirituelle trouve une ouverture suffisante pour s'échapper dans le monde visible.

Avec une fonction qui peut être comparée à celle du foie, Manipura sépare la graine du son, la matière utile des résidus. Il est inutile de combattre en aveugle ses propres émotions. Pour accomplir le premier pas vers la relaxation et l'ouverture du troisième Chakra, il suffit d'accepter les désirs, les sentiments, les expériences personnelles tels qu'ils sont, car tout ce qui nous arrive dans la vie a un sens qui doit seulement être éclairci. En effet, dès que Manipura commence à s'ouvrir, chaque instant est goûté avec une joie renouvelée et avec la certitude que nous devons bien vivre le présent : le futur et ses promesses ne nous concernent pas encore, le passé nous a beaucoup appris, certes, mais maintenant il est derrière nous. Ce qui compte vraiment est le présent, ce que nous sommes en train de vivre, d'apprendre, ce qui nous fait souffrir, ce que nous aimons, et nous devons en profiter pleinement parce que demain sera différent d'aujourd'hui et que nous-mêmes aurons déjà changé.

Dans les écritures yogiques on parle de la lune qui dispense le nectar, l'*amrita*, et du soleil qui le consomme en provoquant ainsi le vieillissement et la décadence de l'être humain. Voilà l'aspect négatif de Manipura. L'aspect positif par contre est qu'une fois réveillé il n'y a pas de risque de rechutes ou de régression de la conscience. Manipura est le centre du réveil stable.

Du feu céleste, le soleil, au feu intérieur de l'organisme, la chaleur produite par le métabolisme, il n'y a qu'un pas. Manipura aide en effet la digestion, la circulation, et contrôle la transformation de la nourriture en énergie vitale. Selon la tradition tantrique et la tradition bouddhiste, le vrai réveil de Kundalini a lieu à partir de Manipura. Jusque-là, la remontée de l'énergie se fait de manière saccadée, tel un éclair qui déchire la nuit de sa lumière pour disparaître aussitôt.

Au niveau de Manipura, les pouvoirs psychiques acquis grâce au réveil de Kundalini sont purifiés, débarrassés des influences négatives de l'esprit. Avec Muladhara et Svadhishthana, l'homme-animal l'emporte encore ; à partir de Manipura, l'homme plus élevé, doué d'une grande force, se dessine. C'est là qu'il prend conscience des différentes dimensions de l'existence, des nouveaux mondes qui s'ouvrent à lui.

Ici, dans la zone du nombril, se rencontrent deux des cinq forces, les Vayu qui règlent le maintien de la vie. À travers l'inspiration, le *prana* se meut vers le haut, du nombril à la gorge, et l'*apana* le suit, du périnée au nombril. Avec l'expiration, le *prana* descend vers le nombril alors que la direction d'*apana*, qui tendrait à aller vers le bas, peut être volontairement inversée pour, en s'élevant, s'unir avec le *prana*. De cette union naît une force qui, conduite jusqu'à Manipura, l'active à nouveau par une sorte d'explosion énergétique.

C'est à ce moment que l'on trouve ces pouvoirs, les « bijoux » auxquels fait allusion le terme Manipura : la force de trouver des trésors cachés, la connaissance de son propre corps et de son fonctionnement, la libération des maladies, le contrôle sur l'élément feu et, par conséquent, sur la chaleur intérieure qui préside à toutes les fonctions de digestion et d'assimilation.

■ Aspect physique et caractère

Toutes les maladies liées au métabolisme, tels le diabète ou l'obésité, les inflammations de l'estomac, du foie, de la rate, les troubles des yeux, des jambes, des pieds doivent être attribués à un excès d'énergie ou à une stagnation de cette dernière dans la zone de Manipura.

Quand le Chakra du nombril fonctionne parfaitement, l'individu rayonne de tout son être. Puisqu'il a appris à s'accepter, avec toutes ses impulsions, ses émotions, les caractéristiques qui sont sa marque de fabrique, il n'a pas de difficultés à respecter les autres et cesse de s'ériger en juge de leurs qualités et de leurs défauts. Ceci l'aide à se sentir comme une partie intégrante du groupe et à harmoniser ses actions avec celles des autres. Voilà pourquoi, tout en restant fidèle à sa propre nature, il consacre beaucoup d'énergie aux relations sociales, toujours dans le respect de ses principes.

C'est justement pourquoi le fait de rendre service aux autres, sans rien attendre en échange, simplement pour le bien matériel et spirituel de tous, est considéré comme l'une des clés les plus efficaces pour ouvrir Manipura.

Pour atteindre l'équilibre parfait, il faut en effet connaître la motivation de ses propres actes : la voie de la charité, l'action sans fins égoïstes peuvent se révéler très efficaces dans ce sens. Alors la lumière jaune de la compréhension intellectuelle se transforme en lumière dorée de la prise de conscience du sage et tous les désirs convoités jusqu'alors cessent d'exister et se transforment dans cette réalité lumineuse qui est la destination finale de notre essence divine.

■ Fonctionnement en excès

Quand il s'agit d'atteindre l'objectif fixé, de conquérir le pouvoir, de contrôler ou de manipuler la réalité selon notre gré, ceux qui ont une hyperactivité au niveau du troisième Chakra se lancent tête baissée et chargent comme le bélier qui en est l'emblème, sans prendre en compte les conséquences de leurs actes et les conventions sociales. Ce style de vie, dynamique et téméraire, ne suffit pourtant pas à garder l'individu à l'abri des inquiétudes qui le rendent de plus en plus mécontent de lui et de sa vie, comme s'il n'était pas à la hauteur des événements. Il est probable que cet individu ne s'est pas senti accepté pendant l'enfance et n'a pas développé le sentiment de sa propre valeur ; parvenu à l'âge adulte, il essaie par conséquent de s'affirmer de façon disproportionnée, en sous-estimant le pouvoir des sentiments. Les émotions ont alors tendance à se bloquer et finissent par exploser violemment comme un fleuve en crue qui a rompu les digues. Orgueilleux et sensible aux éloges, il se montre très attentif aux apparences : la mode est l'une de ses préoccupations principales et il cherche toujours à être en phase avec les époques. Désireux de se trouver en permanence au centre de l'attention, il exige un rôle de leader dans toutes les situations, mais il domine davantage les autres par la colère et l'autoritarisme qu'avec le charisme, dont il n'est du reste pas dépourvu. C'est justement ce désir de pouvoir qui lui fait parfois perdre de vue la famille, l'amitié, l'entraide.

D'ailleurs, ces attitudes de révolte, en contraste avec la tradition et les institutions, sont une des caractéristiques de l'âge typique de Manipura, entre 14 et 21 ans. Dans sa tentative d'affirmer son individualité face à celle des parents, l'adolescent se jette avec violence contre tout, en s'enfermant dans des positions extrêmes, blanc ou noir, sans prendre en compte aucune tentative de médiation.

Ceux qui présentent un excès énergétique au niveau du troisième Chakra ont tendance à dormir moins longtemps que dans

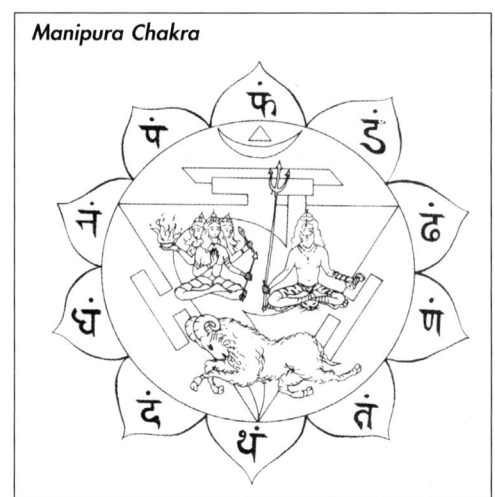

Manipura Chakra

les phases précédentes, en limitant à 7 ou 8 au maximum leurs heures de sommeil, pendant lesquelles ils dorment sur le dos. À table, leurs préférences vont aux plats bouillants ou très froids, aux saveurs fortes, aux plats épicés qui vous laissent la bouche en feu. En outre, à cause de la relation avec le feu, ils bougent beaucoup et transpirent abondamment, sont souvent pris de frissons et leur température corporelle est au-dessus de la norme. Et puisque le feu a besoin d'air pour la combustion, l'air a tendance à stagner dans le corps ; un abdomen dur et tendu, gonflé d'air, signes d'un besoin démesuré de pouvoir, sont les symptômes évidents d'un mauvais fonctionnement de Manipura.

■ Fonctionnement déficient

Quand Manipura est bloqué ou fonctionne mal, on a l'impression que la lumière s'est éteinte d'un coup. La vie paraît ne plus avoir de sens, comme un jeu sans intérêt que l'on mène passivement, sans en avoir envie.

Une carence énergétique au niveau du troisième Chakra se traduit toujours par des signes certains : un regard triste et éteint, une nervosité évidente, une attitude par trop soumise, qui pousse à obéir même au chef le plus désagréable au lieu de s'imposer pour lui tenir tête. L'individu voit un obstacle dans tout événement, mais puisqu'il est résigné, il ne fait rien pour le surmonter.

Fort réprimé depuis l'enfance, il craint inconsciemment de perdre l'amour de ses proches s'il ose prendre position. Dans cette tentative de gagner l'amour des autres, il ne fait que confirmer leurs opinions et devient souvent le « serviteur de plusieurs maîtres ».

Or, les déchets émotionnels qu'il n'a pas pu éliminer étouffent l'énergie du Chakra et empêchent la spontanéité nécessaire aux pensées et aux émotions. Face à chaque situation difficile, la première réaction du sujet est un sentiment d'égarement, une incertitude qui le pousse à s'enfuir afin de se mettre à l'abri du risque. Le pouvoir est ce qu'il craint le plus ; la peur de s'exposer et le désir de se cacher se manifestent, au niveau physique, par un ventre creux, comme s'il avait peur de se gonfler même pendant l'inspiration.

■ Le symbole

Aux yeux de celui qui en visualise sans cesse la forme et les couleurs afin de le renforcer, Manipura Chakra apparaît sous la forme d'un lotus rouge avec dix pétales jaunes. Comme Muladhara, il contient un triangle renversé qui, contrairement au symbolisme traditionnel du feu (triangle vers le haut), fait allusion à la polarité féminine de l'énergie (Shakti).

Chacun des dix pétales porte une lettre de l'alphabet sanscrit et représente à son tour une des dix terminaisons nerveuses et des dix sources d'où il puise l'énergie qui s'écoule à présent dans les dix directions. Il s'agit des dix *prana*, des dix souffles vitaux, des dix aspects de Shiva mais aussi des dix doigts dont l'homme se sert pour manipuler l'environnement, et des dix aspects de la réalité. Sur chacun des trois côtés du triangle, on voit un svastika, le symbole archaïque du char du soleil, qui a toujours été considéré pour bien des cultures comme un talisman puissant et qui n'a, bien entendu, rien à voir avec le symbole nazi.

Dans la partie basse du triangle, un bélier, la monture du dieu du feu Agni, semble prêt à bondir, avec la même puissance que les flammes auxquelles il est associé, afin de brûler les résidus et enclencher un cycle de mutation sans fin. Le feu a besoin de combustible pour brûler et dans un milieu clos, sans interaction avec l'environnement, il est voué à s'éteindre. S'il n'y a pas d'amour pour soi, ni confiance, ni volonté et courage de vivre, d'expérimenter, de découvrir, l'air qui alimente la flamme commence à manquer et le pouvoir, privé de direction, reste un rêve, un privilège destiné aux autres.

L'image est complétée par le couple divin qui représente Manipura, le dieu Rudra et sa compagne Lakini dans son rôle de bienfaitrice.

Rudra est celui qui espère, l'ascète aux trois yeux, à la barbe d'argent et à la peau bleu camphre couverte de cendre. Il est le seigneur du Sud et du feu dans l'aspect destructif de la flamme et constructif de la chaleur qui fait mûrir les fruits et éclore les œufs. La peau de tigre dorée sur laquelle il est assis en méditation, avec une expression pleine de rage, est une allusion explicite à l'esprit et aux attitudes colériques qui permettent à ceux qui sont dominés par le troisième Chakra de contrôler les autres.

Au contraire, Lakini, ivre et terrible, est celle qui unifie et met en relation les différentes parties du tout puisque avec ses trois têtes, elle regarde en même temps les trois plans de l'être, le physique, l'astral et le spirituel. Avec ses quatre bras, elle distribue des cadeaux et fait disparaître la peur : dans une main elle serre la foudre, symbole de l'énergie électrique du feu ; dans la deuxième elle garde la flèche lancée par Kama, le dieu de la passion sexuelle ; la troisième soutient le feu, *tattva* de Manipura ; la quatrième enfin est soulevée et ouverte pour exécuter la *mudra* qui élimine toute inquiétude.

La répétition du son *ram*, qui aide à l'assimilation et garantit la longévité, est une aide utile pour réactiver le Chakra. Pour l'émettre de façon correcte, il faut former un triangle avec les lèvres, en poussant la langue contre le palais, et concentrer l'attention sur le nombril.

■ Le réveil du troisième Chakra

Quand Manipura se réactive, la visualisation commence à jouer un rôle important dans le réveil spirituel.

L'élément feu envahit la conscience et la chaleur émise est perceptible à distance. On commence à comprendre et à voir le fonctionnement de son corps et le rôle des ganglions endocriniens dans les émotions.

Puisque le nombril est le centre de gravité du corps, il suffit d'une concentration prolongée sur ce point pour stabiliser les émotions, maintenir le calme même dans des circonstances défavorables, améliorer la qualité de la vie et la prolonger dans le temps.

En contact avec la chaleur du feu, l'égoïsme s'estompe alors que la fluidité du deuxième Chakra est condensée dans une forme d'énergie transformatrice en mesure de créer ou de détruire ce qui nous entoure.

Alors, les fantasmes se concrétisent et le pratiquant développe ses capacités d'organisation, apprend l'art de la domination et contrôle le pouvoir créatif et destructif de la parole, qui a pour finalité ses objectifs.

Les activités qui, plus ou moins consciemment, réactivent Manipura sont le tennis, le base-ball, l'escrime, le rire, la course et la stimulation du Chakra par de petits coups de poings légers, en le réchauffant avec le massage.

À ces activités s'ajoutent diverses techniques yogiques, respirations, postures, contractions et *mudra*, spécifiques pour ce Chakra.

■ Les techniques

Uddhyana Bandha : contraction de l'abdomen

Uddhyana, en sanscrit « voler vers le haut », est une contraction de l'abdomen qui, en dirigeant le *prana* vers le haut, soulève le diaphragme et entraîne en même temps tous les organes abdominaux. Debout, les jambes écartées (30 cm environ), pliez légèrement les genoux et penchez-vous vers l'avant. Écartez les doigts, saisissez les genoux (voir photo) et abaissez le menton vers la poitrine. Puis inspirez profondément et expulsez rapidement l'air par la bouche. Retenez votre souffle sans plus inspirer, contractez toute la région abdominale vers l'arrière, vers la colonne, et soulevez-la vers le haut. Pendant la pratique de Uddhyana, la poitrine ne doit jamais être creuse. Soulevez donc la partie lombaire et dorsale de la colonne vertébrale, et contractez les organes abdominaux dans cette direction. Enlevez les mains des genoux et, tout en gardant la contraction, appuyez-les un peu plus haut, à la limite de la région pelvienne ; sans relâcher la contraction ni soulever le menton, redressez ensuite lentement le dos.

Avant de reprendre une position normale, relaxez les muscles abdominaux sans bouger la tête. Quand l'abdomen aura repris sa position naturelle, recommencez à inspirer lentement.

Par mesure de précaution, Uddhyana Bandha ne doit jamais être exécuté l'estomac plein. Aux premières sensations de tension à la tête et aux tempes, signes d'un effort excessif, relaxez-vous immédiatement et recommencez à respirer.

Uddhyana Bandha tonifie le foie, la rate, le pancréas, donne de la vitalité et facilite le contrôle des émotions. Il convient d'en éviter la pratique pendant la grossesse et les premiers jours du cycle menstruel.

Natya Mudra : geste de la danse

Asseyez-vous les jambes croisées et le dos droit, les mains sur les hanches.

Exécutez au moins 5 cycles profonds de respiration abdominale, en inspirant lentement à travers les narines, en poussant l'air dans l'abdomen et en expirant lentement par la bouche ; pour faciliter cet exercice, vous pouvez visualiser un petit trou à la hauteur du nombril à travers lequel l'air entre et sort.

Étirez les bras latéralement, les paumes vers le ciel, puis pliez les coudes de façon que les poignets restent le plus près possible des épaules. À ce moment-là, la respiration, toujours lente, passe de l'abdomen au thorax. Poussez l'air dans le thorax, en gonflant lentement la cage thoracique, puis expirez, en imaginant un petit trou par lequel entre et sort l'air. Exécutez 5 cycles respiratoires complets puis, en inspirant, portez les bras tendus au-

dessus de la tête et joignez les mains ; en expirant, pliez les coudes jusqu'à ce que les poignets effleurent le haut de la tête.

Pratiquez 5 cycles respiratoires, cette fois très rapides, en imaginant que vous inspirez et expirez par la gorge, comme s'il y avait un petit trou permettant l'entrée et la sortie de l'air. Enfin, avec une inspiration, relevez les bras et pratiquez encore 5 respirations thoraciques. Replacez les bras dans la position de départ et terminez par 5 respirations abdominales.

En stimulant Manipura, Anahata et Vishuddha, Natya Mudra développe la cage thoracique et améliore la respiration. Elle renforce en outre les bras, les poignets, les épaules, et tonifie tous les muscles pectoraux.

Halasana : position de la charrue

Allongez-vous par terre sur le dos, les bras le long du corps. En inspirant, soulevez les jambes tendues et unies, de façon à former un angle droit avec le corps. Expirez puis, en inspirant à nouveau et en forçant sur les mains, soulevez le bassin pour basculer les jambes, toujours bien tendues et unies, au-delà de la tête jusqu'à ce que les pointes des pieds touchent le sol. Gardez la position pendant 5-10 cycles respiratoires ; ensuite, en inspirant, soulevez les pieds, reposez le buste par terre et placez les jambes à angle droit ; avec une dernière expiration, revenez à la position de départ. Halasana stimule les glandes endocrines et masse tous les organes abdominaux en décongestionnant le foie et le pancréas. Elle est toutefois déconseillée en cas de hernie discale, déviation de la colonne vertébrale, hyperthyroïdisme et inflammation du visage et de la gorge. L'exécution correcte de Halasana revitalise tous les Chakra à l'exception de Muladhara et de Svadhishthana.

Paripurna Navasana : position de la barque

Asseyez-vous par terre, les jambes réunies et les mains le long des cuisses. Inspirez, posez les mains au sol puis, en expirant, soulevez les jambes bien tendues et déplacez le poids du corps en arrière. En expirant, soulevez les mains du sol et portez-les, les bras bien tendus, sur les côtés des genoux de façon que les pouces soient sous les genoux. Paripurna Navasana dégonfle l'abdomen et masse tous les organes, renforce la zone lombo-sacrale et assouplit la zone abdominale. Elle est déconseillée pour ceux qui souffrent d'hypertrophie du foie.

Dandasana : position du bâton

Allongez-vous sur le dos, les bras le long du corps, les jambes et les pieds réunis. Avec une inspiration lente et profonde, basculez les bras tendus au-dessus de la tête. Retenez pendant quelques instants votre respiration, puis expirez lentement ; restez dans cette position pendant 10 cycles respiratoires, puis reportez lentement les bras le long du corps.

Dandasana tonifie le système respiratoire, renforce tous les muscles abdominaux et corrige les petites déviations de la colonne. Elle agit sur Manipura mais aussi sur Anahata et Vishuddha.

Tulitasana :
position de la balance

Debout, les jambes légèrement écartées, pratiquez une inspiration profonde puis, en expirant, pliez les jambes, soulevez les talons et portez le poids du corps sur les pointes des pieds. Asseyez-vous sur les talons, relaxez les bras et appuyez les mains sur les genoux. Gardez la position pendant 10 cycles respiratoires en vous concentrant sur le souffle qui entre et sort de l'abdomen.

Tulitasana, qui agit sur Manipura et Anahata, fortifie les muscles pelviens et les muscles des jambes, élimine les crampes aux pieds et rend les chevilles plus souples. Elle ne présente pas de contre-indications.

Parsvavirasana : position du héros

Debout, les jambes écartées, joignez les mains derrière le dos, les doigts tournés vers le haut. En expirant, tournez le buste et la jambe droite vers la droite, de façon que le pied droit forme un angle droit par rapport au gauche. Inspirez en cambrant légèrement le dos et le cou ; ensuite, avec une expiration profonde, pliez le buste vers l'avant. Faites d'abord en sorte qu'il soit parallèle au sol puis, après avoir inspiré à nouveau, pliez davantage le buste vers l'avant tout en expirant jusqu'à toucher le genou avec le front. Répétez de l'autre côté.

Parsvavirasana exerce un massage bénéfique sur tous les organes abdominaux, facilite la digestion, tonifie les muscles et redresse les épaules tombantes. Elle stimule Manipura mais aussi Anahata.

Bhastrikasana : position repliée

Allongez-vous par terre sur le dos et respirez profondément. Pliez les genoux réunis, en soulevant les pieds du sol, et saisissez-les en entrelaçant les doigts. En expirant, pliez les bras afin de porter les genoux en contact avec la poitrine. Répétez 3 fois de suite sans jamais séparer les mains des genoux. Terminez en expirant et reposez les jambes au sol. Bhastrikasana masse tous les organes abdominaux et facilite la digestion et l'élimination. Elle stimule Manipura mais également Anahata.

Setu Bandhasana : position du pont

Allongez-vous sur le dos et écartez les jambes. Pliez-les jusqu'à attraper les chevilles avec les mains, en veillant à ce que les bras soient bien tendus et les pieds à plat sur le sol. Avec une inspiration lente, soulevez le bassin en forçant sur les bras et en portant le poids du corps sur les épaules et sur les pieds. Restez en position et, à chaque inspiration, essayez de pousser le bassin vers le haut. Enfin, expirez et revenez lentement en position de départ. Setu Bandhasana renforce et assouplit la colonne, tonifie les muscles et la respiration. Elle stimule Manipura, Anahata et Vishuddha.

Utkatasana : position puissante

Debout, les jambes unies, allongez les bras vers l'avant, les mains tendues et les pouces croisés. Avec une inspiration profonde, portez-les au-dessus de la tête, en veillant à ce qu'ils restent tendus. Expirez et pliez les genoux sans changer la posture de la partie supérieure du corps. Veillez à ne pas soulever les talons et à ne pas ouvrir les genoux. Gardez la position pendant 5-10 cycles respiratoires, puis redressez les jambes et reportez les bras le long du corps.

Utkatasana assouplit la colonne, masse le cœur, tonifie tous les organes de la respiration et corrige les imperfections des jambes et des pieds. Elle stimule Manipura mais aussi Anahata et Vishuddha.

Trikonasana : position du triangle

Debout, les jambes écartées, soulevez lentement les bras et, avec une inspiration profonde, alignez-les sur les épaules. En expirant lentement, pliez le buste vers la gauche jusqu'à saisir le mollet ou la cheville avec la main droite. Le bras gauche doit rester bien tendu en haut, la paume de la main tournée vers l'intérieur. Tendez bien les jambes et portez le regard sur la pointe des doigts. Gardez la position pendant 5 cycles respiratoires puis, en inspirant, redressez le buste et alignez de nouveau les bras sur les épaules. Expirez et pliez-vous à droite en gardant la posture pendant le même temps.

Trikonasana renforce la respiration en fortifiant le thorax, tonifie les muscles du dos et des jambes et en corrige les imperfections, assouplit les chevilles. Elle stimule Manipura mais aussi Anahata.

Jathara Parivartanasana : position de rotation de l'abdomen

Allongez-vous sur le dos, les bras écartés et les paumes vers le haut. En inspirant, pliez les genoux unis et soulevez les pieds du sol. Avec une expiration lente et profonde, portez les jambes à droite et appuyez-les au sol en les gardant unies et pliées. Maintenez la position pendant 5 cycles respiratoires puis, en expirant, soulevez de nouveau les genoux devant vous et retournez en position allongée. Répétez de l'autre côté en respectant les mêmes temps. Jathara Parivartanasana tonifie le foie, la rate, le pancréas et l'intestin, élimine les douleurs d'estomac et de dos en réduisant l'excès de graisse au niveau des hanches.

Utthita Parsvakonasana : position latérale en angle allongé

Debout, écartez les jambes au maximum et étendez en même temps les bras en les gardant parallèles au sol. Tournez le pied gauche de 90 degrés vers la gauche et faites en sorte que le droit suive légèrement. Pliez la jambe gauche jusqu'à porter la cuisse parallèle au sol. En expirant, tournez le bassin vers la gauche et pliez-le en portant la paume de la main gauche à côté du pied gauche. Pendant ce mouvement, la jambe droite reste tendue et l'aisselle gauche s'appuie sur le genou gauche. Tendez le bras droit au-dessus de la tête, perpendiculairement au sol, en tournant le regard en direction de la main droite. Gardez la position pendant 5 cycles respiratoires, puis expirez et revenez à la position de départ. Répétez de l'autre côté en respectant les mêmes temps. Utthita Parsvakonasana élimine l'excès de graisse, lutte contre l'arthrite et la sciatique, tonifie les chevilles, les genoux et les cuisses, et améliore l'allure générale.

■ La *mudra*

C'est un geste très simple. Allongez l'index des deux mains en gardant pliés les autres doigts. La pointe du pouce forme un anneau avec l'extrémité du majeur, l'annulaire et l'auriculaire se trouvent à la même hauteur et imitent le geste du majeur.

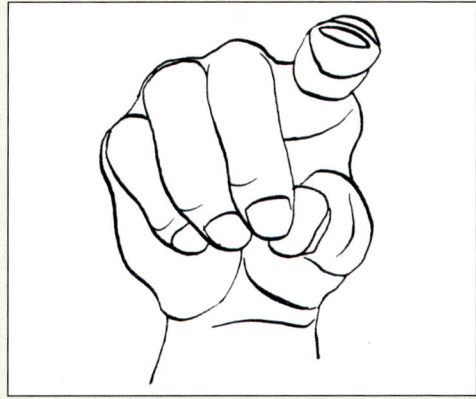

■ La nourriture

Un régime qui a pour but le développement harmonieux de Manipura doit comporter un pourcentage important d'amidon. Il s'agit là d'éléments nutritionnels dotés d'un pouvoir énergétique élevé, mais qui, étant liés à l'élément feu, sont vite brûlés.

L'amidon qui se trouve dans les céréales complètes est plus lentement assimilé que celui des céréales raffinées et offre une garantie supplémentaire : il met l'organisme à l'abri des vides énergétiques qui surviennent soudainement après l'absorption de produits blanchis chimiquement, de sucre blanc ou d'éléments énergétiques de synthèse.

■ La musique

L'activation du troisième Chakra demande un rythme soutenu, souligné par des instruments à vent (trompette, saxophone, clarinette, flûte) : une musique orchestrale aux tons intenses qui donne des vibrations dans l'abdomen. La vocalisation du son *ahh* apporte une aide appréciable.

■ Les couleurs

La contemplation de Manipura a besoin d'or. Il peut s'agir de la lumière dorée du coucher du soleil, du jaune chaud des tournesols, ou encore de l'or intense d'un champ de blé mûr où le regard plonge paisiblement, une fois assis, le dos bien droit. En effet, le jaune offre non seulement vitalité et allégresse mais travaille aussi sur le plan mental, renforce le système nerveux, allège la fatigue intellectuelle, facilite la communication émotionnelle avec l'extérieur, en aidant le sujet à participer plus activement à la vie.

■ Les cristaux

Comme toutes les pierres jaspées, l'œil-de-tigre vibre sur la fréquence de Mercure, affinant l'esprit et aidant à reconnaître les erreurs commises.

L'action de la topaze est semblable, elle donne conscience, attention et enthousiasme, libère des préoccupations et permet de surmonter les états anxieux.

L'ambre, ayant la chaude intensité du soleil, travaille sur la compréhension, donne vitalité et confiance et purifie l'organisme en rééquilibrant le système endocrinien et l'appareil digestif.

La citrine inspire sécurité, soutient la poursuite des objectifs et favorise le bien-être matériel qui est encore déterminant au niveau de Manipura. Si elle est placée en correspondance directe avec le Chakra, elle facilite l'élimination des toxines, revitalise le système nerveux et aide dans la thérapie du diabète.

■ Les parfums

L'essence adaptée à Manipura peut être vaporisée grâce à un diffuseur ou versée directement dans le bain, ou encore diluée dans l'huile d'olive et utilisée en massages circulaires dans le sens des aiguilles d'une montre, directement sur le Chakra.

La lavande, grâce à son effet calmant, doit être utilisée en cas d'hyperactivité de Manipura, car elle libère les émotions bloquées et fait en sorte qu'elles se dissipent. Dans les cas d'insuffisance, on conseille le romarin qui lutte contre la paresse, ou la bergamote et l'ylang-ylang, avec leur fragrance solaire qui renforce l'énergie vitale en donnant confiance en soi.

■ La méditation

Debout les jambes légèrement écartées, contractez deux ou trois fois l'abdomen, en essayant de pousser l'air inspiré le plus bas possible. Ensuite, pratiquez le Kriya, la respiration qui nettoie le Chakra, en expirant, par les narines, l'air inhalé en dix fois.

Puis asseyez-vous, le dos bien droit, et fermez les yeux. Visualisez devant vous un petit nuage doré dont la lumière vous pénètre par les narines, à chaque inspiration ; observez-la tandis qu'elle descend dans votre gorge, vous emplit les poumons, atteint l'œsophage, l'estomac, l'abdomen.

Tout votre corps se remplit de cette lumière, et cette clarté insoupçonnée vous dévoile une cavité en correspondance avec Manipura. En continuant d'inspirer afin d'emmagasiner de la lumière, imaginez-vous au bord de ce gouffre pour en voir le fond. Vous le trouverez resplendissant de cristaux transparents, roses et jaunes, qui à chaque respiration, au fur et à mesure que la lumière vous inondera, augmenteront en quantité et en brillance, jusqu'à remplir peu à peu tout le vide.

Vous pouvez aussi dessiner sur un petit carton blanc, d'un côté en noir et de l'autre en couleurs (lotus vert et pétales violets, couleurs complémentaires de ce Chakra) un cercle où s'inscrit un triangle inversé entouré de dix pétales.

Fixez d'abord l'image en noir et blanc, puis l'image colorée ; sur votre écran mental, vous verrez alors se former le lotus à dix pétales, mais cette fois, par effet de contraste, avec ses véritables couleurs : rouge et jaune.

Terminez en voilant la vision de lumière blanche, tracez une croix, et répétez trois fois la syllabe sacrée *ram*. À ce moment-là, ouvrez les yeux, frottez-vous les mains et les doigts et massez énergiquement l'abdomen dans le sens des aiguilles d'une montre.

Anahata Chakra

Mandala

Nom sanscrit: Anahata.

Signification: inattaquable, non frappé.

Position: au centre du thorax.

Mots clés: amour, harmonie, dévotion, altruisme, paix, participation, compassion, équilibre, tendresse, feeling.

Fonctions: ouverture, liaison, don de soi.

Rotation: à droite pour la femme, à gauche pour l'homme.

Tattva: air.

Couleur du tattva: gris-vert, gris fumé.

Forme du tattva: étoile à six pointes.

Nombre de pétales: douze.

Couleur des pétales: vert ou rose.

Lettres devanagari: kam, kham, gam, gham, gnam, cam, cham, jam, jham, nam, tam, tham.

Syllabe sacrée: yam.

Voyelle: ai.

Note de musique occidentale: fa.

Note de musique indienne: Ma.

Musique: classique, sacrée ou New Age.

Divinités correspondantes: Ishana Rudra, Vishnu, Lakshmi, Krishna, Kama, Vayu.

Caractéristiques psychiques: allégresse, affection, communication, goût esthétique, générosité, disponibilité. Mais aussi crainte de s'exposer, froideur, insensibilité, fermeture.

État intérieur: amour, compassion.

État extérieur: gazeux.

Durée du sommeil: 5-6 heures.

Position du sommeil: sur le côté gauche et sur le bord du lit.

Actions: aimer.

Obstacles: anxiété, inquiétude, superficialité, étourdissement, envie.

Glandes: thymus.

Parties du corps: poumons, cœur, bras, mains, peau, sang.

Sens: toucher.

Maladies physiques: asthme, hypertension, maladies cardiaques et pulmonaires.

Maladies psychiques: indifférence, refus, égoïsme, masochisme, autisme.

Vayu: prana.

Âge: 22-31 ans.

Plan: Manas Loka (plan de l'équilibre).

Planètes: Sukra (Vénus).

Signes zodiacaux: Lion, Balance.

Métaux: cuivre.

Nourriture: feuilles vertes, pousses, noix, miel.

Parfums: lavande, jasmin, marjolaine, iris, mille-feuilles, reine des prés, santal, rose, pin, chèvrefeuille.

Couleurs: rose, vert, or.

Pierres: émeraude, tourmaline, quartz rose, jade.

Animaux: antilope, daim, oiseaux, colombes.

Force en œuvre: équilibre.

Yoga: Bhakti yoga.

Guna: sattva ou rajas.

Direction: est.

Fleurs de Bach: Agrimony, Centaury, Red Chesnut, Star of Bethlehem, Vervain, Water Violet.

S'il est vrai que l'énergie serpentine aboutit à un niveau stable dans le Chakra Manipura, pour que le réveil puisse être véritablement complet, il faut une permanence prolongée en Anahata. Anahata est le centre du cœur, en correspondance directe avec le plexus cardiaque où résonne le son mystique « obtenu sans percussion », écho de la première vibration du cosmos sur le point de se manifester. Tout comme le cœur, en effet, il vibre à un rythme constant et ininterrompu, avec un son semblable à une étincelle électrique qui n'a rien de physique. Constant, ininterrompu : la signification de son nom résonne dans l'ancien idiome des Indiens, *anahata*, c'est-à-dire « non frappé », « inattaquable ». Parce que lorsque Anahata reste pur, il n'est plus besoin de bouclier ni de défense : après avoir surmonté les épreuves représentées par les trois premiers Chakra, rage, tristesse et crainte, l'amour peut finalement circuler librement, gaiement, avec la certitude de ne rien recevoir d'autre en retour que l'amour.

Dans cette sorte de nœud entre les trois Chakra inférieurs et les trois Chakra supérieurs, la créativité de la Shakti, symbolisée par le triangle retourné, s'entrecroise avec la conscience profonde de Shiva, le triangle droit. Il naît ainsi une forme particulièrement chargée, l'« étoile de Salomon » des rabbins d'Israël qui en ont fait un puissant talisman. Se joignent ainsi, dans la danse éternelle de la création, les deux polarités opposées et complémentaires : le feu qui tend à monter et l'eau qui descend, le mâle et la femelle, la montagne et la caverne, qui rayonnent d'amour et qui deviennent le mot de passe du Chakra.

Il ne s'agit pas, bien entendu, de l'amour adressé à un objet unique, de la passion sexuelle que l'on a expérimentée à travers le deuxième Chakra, mais plutôt d'un amour universel qui s'étend à tous les êtres. Il faut y voir une acceptation joyeuse de son rôle parmi les autres, l'équilibre atteint à travers la correspondance des opposés, la paix profonde, sans contraste, qui surgit en l'absence de besoins, une fois qu'ils sont tous comblés : l'ego en harmonie parfaite avec le soi et le Tout.

Anahata est un Chakra particulièrement délicat, sensible plus que les autres aux qualités énergétiques de l'environnement. En effet, au-delà du cœur, de la peau, du toucher et des mains, il résonne en correspondance directe avec la partie du cerveau où siège la création artistique : musique, peinture, sculpture, etc. Les effets les plus évidents du réveil de Anahata dépendent donc tous de l'expression : ce Chakra améliore l'éloquence, la capacité de « jouer » avec les mots, et affine la sensibilité à la beauté, à la couleur, à la poésie des sentiments et de la nature. À ces dons, les écritures anciennes en ajoutent un autre : la satisfaction de tous les désirs. Éclairons notre pensée. Jusqu'au niveau évolutif de Manipura, la limite entre le caractère immuable du destin, la nécessité et le libre arbitre, c'est-à-dire le désir, la volonté individuelle, peut être synthétisée en peu de mots : « Accepte tout ce que le ciel te réserve avec plaisir et tu l'obtiendras. » Nous sommes encore entre les limites de la pensée positive qui, avec l'appui du *parabdha karman*, le fruit des existences déjà vécues, aide ce qui a été déjà établi dans les plans supérieurs à germer. Mais c'est seulement à partir de Anahata que l'on entre dans le champ d'action de la véritable magie, ce qui faisait dire aux Latins « *Sapiens dominabitur astra* », ce qui signifie que les savants peuvent maîtriser les corps célestes, et donc dévier le cours des événements.

Au niveau de Anahata, la volonté, la conscience, l'attitude individuelle face à la vie, tout cela gagne en vitesse, jusqu'à surmonter la barrière de l'humain et à se projeter là où l'accès est interdit à l'homme commun. C'est seulement là que le pratiquant devient effectivement yogi, parce qu'à ce niveau énergétique, il cesse d'être conditionné par le destin et dépend uniquement des pouvoirs de sa propre conscience.

Et qu'est-ce que la conscience, sinon une étincelle divine, un fil direct avec l'Absolu ? Ce n'est pas un hasard si le *tattva* de Anahata est l'air, le plus mobile et le plus léger des éléments, frais, inodore, insipide, sans contraintes ni gêne. L'air que l'on respire où la nature domine encore l'homme peut le purifier et le ranimer, car il est très riche en ions négatifs, en *prana* qui assure la vie. Sans lui, l'oiseau ne pourrait pas voler et le vide serait absolu.

Ceux qui atteignent le niveau de Anahata en conservant des attitudes négatives, pessimistes ou anxieuses, réaliseront des désirs autodestructeurs et provoqueront, avec leur pouvoir, une chute sans possibilité de retour. Voilà pourquoi plus le pouvoir est fort, plus il convient de se montrer vigilant et d'avoir des désirs toujours purs. Mais s'il est vrai que la peur attire ce que l'on craint, le pessimisme ne faisant qu'occasionner d'autres ennuis, l'antidote est la pensée positive. La confiance, comme le dit un dicton ancien, est le meilleur garant de la fortune : gardez bien cela à l'esprit, vous qui allez activer Anahata.

■ Aspect physique et caractère

Il s'agit de l'âge de l'amour, c'est-à-dire entre 22 et 31 ans, la phase de la vie durant laquelle Anahata atteint sa plénitude énergétique. Plus ouvert et plus sensible à toutes les formes expressives : cinéma, théâtre, littérature, musique, l'individu entame volontiers des activités artistiques. Il se montre extrêmement attentif, parfois même trop, à l'aspect esthétique, les cheveux, les vêtements, le maquillage ; et d'ailleurs il fait tout pour plaire dans cette saison de la vie où le cœur bat de plus en plus fort.

C'est le moment où l'on commence à construire son avenir, à tracer le parcours de la vie, certains par les études universitaires, d'autres en se lançant dans le monde du travail. C'est l'époque de la première voiture, du deux pièces acheté à crédit, de la conquête de l'indépendance vis-à-vis de la famille. Mais le but final est l'amour, un partenaire « pour toujours », avec qui vivre, progresser, faire l'amour, procréer. Il n'est pas exclu, en effet, que la réalisation de la *bhakti*, la réunification avec le divin, dont nous nous sommes séparés en nous incarnant, grâce à la dévotion vis-à-vis de chaque être vivant, passe à travers l'amour individuel et limité au partenaire, aux enfants, à l'ami le plus cher. Avec l'activation de Anahata, l'individu peut être considéré comme mûr pour les échanges avec les autres êtres, qu'il s'agisse d'un couple, d'un groupe ou du monde entier. Mais comme l'antilope noire représentée dans le *yantra* de Anahata court en zigzag, en changeant souvent de direction, l'amoureux rêve, s'inquiète, fuit, sans avoir réellement aimé. Ce n'est que lorsqu'il aura acquis un contrôle sur ces aspects et la prise de conscience de ses responsabilités que les troubles émotionnels seront dépassés et que l'amour deviendra réel.

L'amour de Anahata est l'amour pur et inconditionnel, très loin de la possession et de la volonté de recevoir le même sentiment en échange : l'amour aérien car il a la flexibilité de l'air qui est son *tattva*, toute sa pureté, la légèreté et la capacité d'entrer en syntonie avec les autres, sur la même longueur d'onde, jusqu'à se pénétrer complètement. Mais il ne s'agit pas nécessairement de l'amour pour un autre être humain. Ce peut être un sentiment global d'identification avec la nature, la sensation exaltante d'en faire partie, de pouvoir s'immerger dans un jeu harmonique avec ses éléments.

L'émerveillement pour la perfection de la nature se réveille, ainsi que l'admiration pour sa beauté, reflétée ou imitée dans les œuvres d'art de l'homme : la poésie, la peinture, la musique, auxquelles l'activation de Anahata nous rend plus sensibles. L'amour de Anahata est l'amour-acceptation, l'amour-compréhension dont parle saint François quand il dit : « tends l'autre joue ». C'est un pouvoir incroyable, une véritable force suffisante à neutraliser, avec sa polarité positive, la négativité de la rage et du désespoir.

Il est facile de reconnaître les personnes chez qui Anahata agit de façon harmonieuse : elles ont des manières prévenantes et dégagent naturellement la sympathie. Pour ces personnes, le cœur et l'esprit, le sentiment et l'intuition travaillent côte à côte, et cela leur permet de comprendre les autres avant de les approcher et de leur offrir de l'amour. Il suffit de les regarder dans les yeux pour se sentir réchauffé par leur chaleur et pour participer à la joie qu'elles dégagent, désormais immunisées contre les troubles, les incertitudes et les conflits.

Qu'il s'agisse de travailler ou de préparer une simple omelette, ces personnes se donnent à fond ; et c'est là le secret du succès, l'ingrédient magique qui rend toutes leurs actions exceptionnelles.

■ Fonctionnement en excès

Quand Anahata fonctionne correctement, la vie sociale ne présente pas de problème. On n'éprouve pas de difficulté à se mettre en relation avec les autres, on participe activement aux événements sans craindre de se découvrir et d'exprimer ses sentiments.

Les problèmes commencent à apparaître lorsque l'investissement émotionnel est exagéré au point de provoquer un état d'anxiété. Le désir de donner peut être intense, mais tant qu'il manque un lien réel avec la source de l'amour, il n'est pas complètement désintéressé et on finit, ne serait-ce qu'inconsciemment, par attendre quelque chose en échange, de la sympathie, de la gratitude, de l'amabilité. Ainsi, il suffit parfois d'une phrase ou d'un geste brusque pour effacer en un clin d'œil ce que l'on croyait être un amour inoxydable.

À l'inverse, on peut avoir l'impression d'être très fort au point de ne pas vouloir s'abaisser à accepter l'amour qui est offert. La première réaction face à la tendresse et aux attentions est l'embarras : une sensation qui nous met mal à l'aise, comme si le fait de se laisser aimer était une faiblesse dangereuse pour sa propre image.

Sur le plan physique, le signal de ces « troubles de l'amour » est un thorax très élargi, comme une cuirasse protectrice contre les dangers du sentiment. La position pendant le sommeil est également représentative : on dort sur le bord du lit, prêt au refus et à la fuite.

■ Fonctionnement déficient

Le premier signal d'un fonctionnement insuffisant de Anahata est la tendance à déprimer sans raison, le deuxième est le refus de se laisser toucher. Pourtant, si l'on exclut l'aspect érotique ou les attentions affectées, les caresses, les baisers, les étreintes sont des structures de communication non verbale irremplaçables capables, plus que les paroles, de transmettre l'amour.

Timide, plutôt froid, indifférent, mais au fond très vulnérable, celui qui présente une carence au niveau de Anahata semble toujours être sur la défensive. Il voudrait donner tout son amour, mais la peur de se faire rejeter le refroidit et le bloque en lui donnant l'impression d'être encore plus inapte. Dans d'autres situations, la tentative de compenser ses propres carences peut se manifester dans l'excès opposé, par des comportements par trop disponibles, à la limite de la servilité et du sacrifice. C'est le cas chez les personnes qui, au nom d'un amour mal compris envers les autres, justifient tout, donnent tout jusqu'à se faire littéralement absorber par leurs proches. Jamais un « non », jamais de limites, jamais de reproches, ils sont convaincus de faire de leur mieux et ne se rendent pas compte que, sans le vouloir, ils nuisent aux autres : des enfants qui grandissent sans avoir la notion de ce qui est juste ou injuste, des partenaires gâtés et capricieux, des « amis » toujours prêts à profiter de la situation.

■ Le symbole

Si le cœur est le centre du corps, le bassin où aboutissent tous les parcours du sang, les artères du départ et les veines de retour, le Chakra cardiaque, qui est dans un sens la contrepartie subtile du cœur, ne saurait avoir un symbole très détaché de celui-ci.

Il s'agit en effet de deux triangles combinés, la flamme qui souffle vers le haut et la goutte qui tombe vers le bas, forme géométrique qui synthétise au mieux la fonction médiatrice de Anahata, où convergent la matière et l'esprit, la raison et l'intuition, le mâle et la femelle, et où les énergies telluriques du bas se croisent et se mélangent avec celles du haut. C'est la seule énergie capable d'attirer les contraires et de les maintenir de façon stable en équilibre, et l'amour qui, comme le soulignent toutes les traditions, cultivées ou populaires, naît et se développe dans le cœur.

Ce n'est pas un hasard si le lotus de Anahata est vert, la couleur de Vénus, déesse de l'amour : un mélange équilibré de jaune et de bleu, de tonalités chaudes et froides parfaitement dosées. Dans le lotus, on retrouve l'étoile de couleur gris fumé à six pointes en relation, probablement, avec chacun des autres Chakra. Au centre est représenté un lac où flotte Anandakanda, le lotus bleu mystique à huit pétales, chacun d'entre eux étant re-

lié à une émotion. Au centre de Anandakanda, l'arbre céleste des désirs plonge ses racines ; si une chose est fortement désirée, si elle est vraiment « voulue du fond du cœur », alors cet arbre magique octroie plus que ce que l'on demande. Anahata a douze pétales verts ou roses, sur lesquels sont représentées des lettres de l'alphabet *devanagari*. Ce chiffre représente un cycle complet, douze mois, douze heures, douze signes du zodiaque, douze aspects du soleil, à savoir les douze Aditya, qui sont représentés sous forme de fruits de l'arbre de la vie. Ces derniers sont complétés par le *bija* de l'air *yam*, consacré au dieu du vent Pavana, émis en se concentrant sur le cœur et en gardant en même temps la langue en suspens au centre de la bouche. Alors la vibration produite, à condition que l'exercice soit fait de façon correcte, met en fonction l'énergie cardiaque et élimine les blocages du thorax qui empêchent la remontée.

Dans le symbole, on distingue une antilope noire qui représente le cœur car elle saute avec joie et se laisse capturer par le mirage des images qui se reflètent. Ses yeux, innocents et purs, rappellent la condition de ceux qui ont activé le quatrième Chakra : la pureté des pensées et des sentiments, la paix, l'innocence du cœur ajoutés à une bonne dose de charisme. La légende raconte que l'antilope peut mourir à cause d'un simple son et, en effet, l'attention au son intérieur est une des caractéristiques de l'individu sensible au fonctionnement de Anahata.

La divinité qui régit Anahata est Ishana Rudra Shiva, le légendaire maître du nord-est, complètement détaché du monde. Ses trois yeux et son teint bleu camphre en disent long sur les délices de l'ascension. Il faut y voir la nature heureuse et libre de celui qui a activé Anahata car, selon l'ésotérisme oriental, la joie appartient au cœur, comme la tristesse siège dans le poumon, la colère dans le foie et la peur dans le rein. Mais la peau de tigre sur laquelle il est assis rappelle que le bonheur ne devient une conquête stable que si l'on a su maîtriser le tigre mental qui domine la forêt des désirs.

Caractérisé par une nature paisible, le pacifique Ishana serre dans la main droite le trident de la sagesse, dans la main gauche le tambour, instrument qui imite le mieux les battements du cœur et la pulsation de l'univers. Ce n'est pas un hasard si le Gange qui coule de ses boucles est la rivière purifiante et rafraîchissante de la prise de conscience. Il a connu les passions, qu'il porte autour de lui enroulées comme des serpents, mais, au nom de l'identification de l'ego avec le Tout, conscient du caractère trompeur des plaisirs, des honneurs et des craintes, il les a dominées et à travers cette victoire a obtenu la jeunesse éternelle.

Sa compagne, Shakti Kakini, a les joues roses et un air satisfait et heureux sur les quatre visages souriants à travers lesquels elle manifeste les quatre aspects de soi : le physique, le rationnel, le sensuel, et l'émotionnel. Harmonieuse et raffinée (ce qui ne l'empêche pas de se présenter aux mortels ivre de nectar), elle porte un sari bleu ciel et siège au centre d'un lotus rose, d'où elle inspire des formes artistiques sacrées pour les âmes les plus sensibles et les plus réceptives.

Dans ses quatre mains, elle tient les quatre instruments de l'équilibre : le bouclier, qui protège des dangers du monde ; le crâne, qui invite à se méfier de la fausse identification du soi avec le corps ; le trident, symbole des forces de conservation et de destruction en parfait équilibre ; et enfin l'épée, indispensable pour trancher les obstacles qui s'opposent à la remontée de l'énergie.

Anahata est aussi le lieu où se manifeste Shakti Kundalini sous la forme d'une jeune et jolie femme. Elle est assise en méditation au centre d'un triangle dont la pointe est tournée vers le haut, emblème de l'ascension aux niveaux de connaissance plus élevés. Habillée de blanc, elle possède toute la sérénité et la pureté de la Vierge Marie, calme et pleine de promesses. C'est le bruit blanc, le bruit du cœur qui ne se laisse pas capter par l'oreille mais se manifeste dans le silence de la méditation.

Quelque chose de fondamental a changé par rapport au premier Chakra, où elle apparaissait encore sous forme de serpent enroulé autour du *lingam*. Kundalini a évolué, elle a pour ainsi dire mis des ailes pour se transformer de force destructive et parasite en essence indépendante : le féminin qui tend vers le sacré, présent dans chaque être humain, homme ou femme.

■ Le réveil
du quatrième Chakra

L'envie de communiquer augmente, la parole acquiert un sens différent ; un goût plus attentif, plus subtil pour les sons, les couleurs et les proportions se dégage. Quand tous ces signes sont présents il est évident que le quatrième Chakra est en train de se réveiller.

L'individu acquiert d'un coup sagesse et force ainsi qu'une maîtrise de soi inconnue jusque-là. Il peut arriver qu'à la suite du nouvel équilibre atteint entre la partie masculine et la partie féminine, les rapports avec l'autre sexe, entravés auparavant par l'attraction des sens, s'établissent librement comme les rayons d'un sentiment pur et désintéressé, à l'abri de la malignité et des troubles. Plus évident encore est la différence de qualité dans les relations avec le divin, dont la perception se transforme en un son pur et rééquilibrant : le son du cœur.

Une fois obtenu le contrôle sur l'élément aérien, le pratiquant ayant atteint le niveau du quatrième Chakra gagne le pouvoir de l'invisibilité, la faculté de voyager dans l'espace et l'accès avec l'esprit aux corps d'autres personnes qui servent de canaux. Mais la technique seule n'est pas suffisante. L'ouverture du Chakra du cœur demande une recette compliquée où l'exercice se mêle à la compréhension. Avec les *asana* et la respiration, il convient donc de travailler sur nos relations, sur nos modalités d'échange avec les autres, sur les sentiments qui nous animent vis-à-vis d'eux. Rechercher l'équilibre, essayer d'établir la paix et l'harmonie avec son prochain constitue déjà la moitié du travail d'affinement de la pierre brute qui se trouve en nous : la perte, ou du moins la limitation de l'ego, et la capacité à se fondre avec le Tout. En effet, la Katha Upanishad affirme : « Quand les nœuds du cœur sont dénoués, alors même dans sa nature humaine, le mortel devient immortel. Voilà l'enseignement des écritures. »

Si vous voulez aider Anahata, il est impossible de refuser la vie en société. Cherchez la confrontation avec les autres, participez aux rencontres, réunions, concerts, excursions en groupe. Voyagez avec des amis, dînez souvent avec eux, et si vous aimez le sport, privilégiez les sports d'équipe plutôt que les disciplines individuelles. Ajoutez à tout cela des promenades revitalisantes dans la nature, pendant lesquelles vous profiterez de l'herbe et des plantes en marchant pieds nus ou vous vous rechargerez en appuyant le dos et la paume de la main gauche sur le tronc d'un arbre au feuillage vert et dense, tandis que vous appuierez la main droite au centre de la poitrine, en correspondance avec le cœur. À ces activités simples peuvent s'ajouter toutes les techniques orientales qui demandent davantage d'effort mais sont efficaces : *asana*, *mantra*, respirations et contractions.

■ Les techniques

Vrksasana : position de l'arbre

Debout, les jambes unies, portez le poids du corps sur la jambe droite. Posez la main droite sur la hanche, pliez la jambe gauche et portez le talon à côté du périnée de façon à presser avec la plante du pied sur la cuisse droite. Écartez les bras puis, en inspirant lentement et profondément, allongez-les au-dessus de la tête en joignant les mains.

Expirez lentement et pliez les bras jusqu'à effleurer la tête avec les poignets. Pour maintenir la posture de façon immobile, sans tomber ni osciller, choisissez un point dans le mur en face de vous et plongez-y votre regard, sans perdre votre concentration. Revenez lentement en position et répétez en gardant les mêmes temps de l'autre côté.

Vrksasana tonifie la circulation, masse le cœur, renforce le système nerveux. Elle est particulièrement précieuse pour ceux qui souffrent de problèmes d'équilibre. Outre Anahata, l'exercice stimule également Vishuddha.

Paksinasana : position de la mouette

Mettez-vous bien droit, les pieds unis et les jambes tendues. Inspirez profondément, puis expirez en penchant légèrement le buste vers l'avant, en poussant les épaules en arrière et en cambrant légèrement le buste.

Tendez les bras vers l'arrière, en essayant de tourner le plus possible les paumes vers le haut. Gardez la posture pendant 5-10 cycles respiratoires puis, en expirant profondément, retournez en position de départ. Grâce à l'action associée sur Manipura, Anahata et Vishuddha, Paksinasana redresse les épaules, fortifie la colonne et renforce les muscles du ventre et des jambes.

Kukkutasana : position du coq

Debout, les jambes légèrement écartées, inspirez lentement puis, en pliant légèrement le buste vers l'avant et en plaçant les mains sur les cuisses, expirez profondément. Retenez votre souffle, en poussant l'abdomen vers l'intérieur et la zone sacrale vers le haut. Terminez par une inspiration profonde en revenant à la position de départ.

Kukkutasana renforce les muscles abdominaux et la respiration, dissout les formations adipeuses. Elle stimule Anahata, Manipura et Vishuddha.

Gomukasana : position de la tête de la vache

Asseyez-vous les jambes écartées, les mains posées par terre à côté des hanches. En portant le poids du corps sur les mains, soulevez le bassin, pliez la jambe droite et croisez dessus la jambe gauche. Appuyez la main gauche sur le genou gauche, alors que la main droite touche le dos, le bras soulevé derrière la tête et plié vers l'arrière. Inspirez profondément et portez la main gauche derrière le dos en pliant le bras vers le haut. Poussez la main gauche vers le haut et la droite vers le bas jusqu'à ce qu'elles s'agrippent. Gardez alors la position pendant 3-5 cycles respiratoires et répétez de l'autre côté. Gomukasana assouplit les articulations et la colonne, facilite la respiration, améliore la digestion et prévient l'acné. Elle rééquilibre Anahata, Manipura et Vishuddha.

Talasana :
position de la paume de la main

Debout, le dos bien droit et les jambes légèrement écartées, inspirez lentement et profondément pendant que vous soulevez latéralement le bras droit au-dessus de la tête ; retenez votre souffle et étirez le corps en soulevant les talons. Terminez avec une expiration en baissant en même temps le bras et les talons. Répétez avec le bras gauche puis avec les deux bras croisés.

Talasana stimule Anahata et Vishuddha.

Ardha Sthambasana : position du demi-pilier

Allongez-vous sur le dos, les bras le long du corps. Inspirez et soulevez la jambe droite pour former un angle droit avec le buste. Gardez la position pendant 3-5 cycles respiratoires puis, en expirant lentement, reposez-la par terre. Répétez en respectant les mêmes temps avec la jambe gauche, puis avec les deux jambes, en levant aussi les bras de façon à former deux angles avec le buste bien collé au sol, l'un avec les bras, l'autre avec les jambes. Ardha Sthambasana renforce les muscles des jambes et du dos. Elle tonifie Anahata et Svadhishthana.

Sayana Buddhasana : position de repos du Bouddha

Allongez-vous sur le dos, tournez-vous sur le côté droit et, en restant bien appuyé sur le sol, pliez le bras de façon à soutenir la tête avec la main. Le bras gauche repose le long du corps et la jambe gauche est légèrement pliée, le genou en contact avec le sol.

Gardez la position pendant 10 cycles respiratoires de chaque côté, en vous concentrant sur l'inspiration et l'expiration.

Sayana Buddhasana relaxe le corps et l'esprit. Elle agit sur Anahata et Manipura.

Ardha Chandrasana : position de la demi-lune

Asseyez-vous sur les talons ; en inspirant, mettez-vous à genoux puis, avec une expiration, allongez latéralement la jambe gauche en posant par terre la plante du pied.

Avec une inspiration lente, soulevez les bras ouverts vers l'extérieur ; en expirant, pliez légèrement le buste du côté gauche. Le dos de la main gauche est appuyé sur la jambe gauche alors que le bras droit passe au-dessus de la tête. Gardez la position pendant 5-10 cycles respiratoires puis, en inspirant, redressez le buste ; en expirant, baissez les bras et revenez en position assise sur les talons. Répétez avec les mêmes temps de l'autre côté.

Ardha Chandrasana renforce les muscles et affine les hanches. Elle tonifie Anahata et Manipura.

Mridanga : respiration du tambour

Asseyez-vous par terre, les jambes croisées et le buste droit. Pendant l'inspiration, tapotez le thorax du bout des doigts en gardant les doigts rigides. Pendant l'expiration, vous ferez de même, mais cette fois avec la paume ouverte et les doigts joints, en touchant les mêmes points.

Mridanga rééquilibre Anahata, fortifie l'appareil respiratoire. Elle est particulièrement indiquée pour les fumeurs.

Répétition du *mantra* et Ajapa Japa

Asseyez-vous par terre, les jambes croisées et le dos bien droit. Les mains sont appuyées sur les genoux, les trois derniers doigts bien droits tandis que le pouce et l'index forment un anneau. Fermez les yeux et répétez mentalement le *mantra* qui peut être *om shanti* par exemple, c'est-à-dire « paix ».

Après quelques instants, l'esprit commencera à vagabonder, envahi par des pensées qui n'ont aucun lien avec ce que vous êtes en train de faire, et vous perdrez plusieurs fois le *mantra*. Ne vous en inquiétez pas, ne vous y opposez pas. Observez simplement les pensées, les souvenirs, les images comme si rien de tout cela ne vous appartenait, comme si vous étiez spectateur, et chaque fois qu'il vous échappe, reprenez votre *mantra* et continuez à le répéter calmement, sans angoisse.

Les anciens textes hindouistes et soufis relatent une autre pratique, semblable mais bien plus simple car elle n'implique pas de postures ni de prescriptions d'aucune sorte.

Ajapa Japa, la prière sans la prière, demande simplement la prise de conscience de la respiration. Il n'est pas nécessaire de contrôler la respiration, elle peut être lente, profonde, accélérée, l'essentiel est qu'elle soit spontanée. Laissez-la se dérouler normalement. Ne cherchez pas à la modifier, il suffit de vous rendre témoin, conscient du fait qu'elle a lieu. Écoutez votre corps d'une oreille attentive et vous découvrirez qu'il parle. Il dit : *So aham, so aham*, en sanscrit « je (suis) celui-ci ». Il le répète depuis votre arrivée au monde et le fera jusqu'à votre départ, en soulignant sans cesse l'identité de l'ego avec le Tout, la réalité.

Le son *so* est produit par l'air qui pénètre à travers la cavité nasale à chaque inspiration, le son *aham* par l'air qui sort à chaque expiration. Par conséquent *So aham* est le *mantra* de la vie, car il commence avec la vie et se termine avec elle.

Exercice qui réactive l'énergie des mains

Debout, les jambes légèrement écartées, ou confortablement assis, tendez les bras et ouvrez les mains, en tournant une paume vers le haut et l'autre vers le bas. À présent, serrez les poings et relâchez-les en les ouvrant et en les fermant le plus rapidement possible et le plus longtemps possible.

Quand les bras seront fatigués, relaxez-les, puis joignez les mains. La sensation d'avoir une sphère immatérielle et pulsante entre les deux paumes vous confirmera l'activation des Chakra de la main, étroitement liés au Chakra cardiaque.

Exercices de rotation de la poitrine et des bras

Debout, les jambes légèrement écartées, allongez les bras vers l'extérieur à la hauteur des épaules. En gardant immobiles les pieds, les jambes et le bassin, tournez le dos et la tête continûment à droite et à gauche, en poussant le plus possible en arrière et en faisant suivre le regard.

Arrêtez-vous, relaxez-vous pendant quelques minutes et, en gardant la même position des jambes et du bassin, écartez les bras et décrivez des cercles de plus en plus amples dans le sens des aiguilles d'une montre et en sens inverse.

Reposez-vous encore un peu, puis fermez et ouvrez plusieurs fois les bras, d'abord de haut en bas et ensuite d'avant en arrière.

■ La *mudra*

C'est le geste de la bénédiction avec les bras pliés, les paumes légèrement ouvertes, comme pour répartir de l'amour. Cette *mudra* donne compassion, générosité et disponibilité, et aide à contrôler les passions.

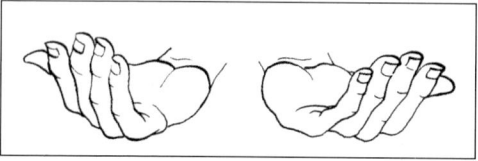

■ La nourriture

Choisissez des aliments verts, la couleur de Vénus et par analogie de l'amour ; des aliments cohérents avec l'enseignement hindou de l'*ahimsa*, qui évite de blesser ou de tuer des êtres vivants. Nourriture à l'unisson avec les rythmes des saisons et l'énergie du soleil, assimilée par les végétaux grâce à la photosynthèse.
Si l'on y réfléchit bien, les plantes constituent un petit univers, l'addition de tous les éléments cosmiques : la terre de la racine, l'eau de la feuille, l'air de la fleur et le feu des fruits. Contrairement aux viandes, qui fournissent une énergie morte, les végétaux sont une véritable source de vitalité, surtout s'ils sont consommés fraîchement cueillis, et notamment les feuilles vertes et les pousses qui renferment la partie la plus concentrée de la graine.

■ La musique

Anahata a besoin de douceur, de sons harmonieux qui suivent sans les bousculer les rythmes de la nature. Vous pouvez choisir une musique classique, sacrée ou New Age, pourvu qu'il s'agisse de rythmes pleins et gais en mesure de transmettre et de faire naître l'amour.
La vocalisation de la diphtongue *ai*, prise en *fa*, peut être très utile.

■ Les couleurs

Le vert et le rose, les couleurs de Vénus, proches de la nature, des bois, des fleurs, ont sur Anahata un merveilleux effet de régénération. Elles calment le système nerveux, les blessures et les irritations de la peau, elles reposent les yeux et ralentissent la prolifération des cellules tumorales. De plus, elles relaxent la sphère psychique avec beaucoup d'allégresse. Pour s'en convaincre, il suffit d'essayer, après un différend en famille, une dispute à l'intérieur du couple, ou un moment de crise avec soi-même : en reconsidérant toute la situation avec l'optimisme du vert et du rose, vous vous découvrirez un grand désir de paix, même s'il vous faudra faire le premier pas.

■ Les cristaux

Afin de libérer l'affectivité emprisonnée derrière un masque de réserve ou pour stimuler la gentillesse, la tendresse, la générosité, préférez les cristaux aux nuances roses ou vertes. Le quartz rose, par exemple, soigne les blessures du cœur dues à la jalousie, à la méchanceté ou au manque de considération, sensibilise à la beauté de l'art et aide à accepter les manifestations d'affection dont on ne se sent pas dignes.

La tourmaline verte ou rose ou l'émeraude ont elles aussi un effet bénéfique en renforçant la confiance, la tolérance et la loyauté dans les sentiments. En outre, elles attirent sur le corps physique les énergies rafraîchissantes et de régénération du ciel.

Quand le fond du problème est l'harmonie du couple et de la famille, demandez de l'aide au jade, qui garantit la paix, l'équilibre et la sagesse. Il soulage les personnes troublées, éloigne les cauchemars et assure un sommeil calme et détendu. Il régularise, en outre le battement cardiaque, augmente la force vitale et améliore la qualité de la vie.

■ Les parfums

Blanche, rouge, rose ou jaune, la rose est toujours la souveraine du cœur. Ses vibrations, délicates et harmonieuses, avec une note de santal, calment les blessures d'amour, affinent le plaisir et réveillent le goût esthétique. Celui qui rencontre des résistances dans le contact physique ou dans l'expression des sentiments tirera un grand bénéfice de l'utilisation combinée de la rose et du chèvrefeuille.

■ La méditation

Assis, le dos bien droit, croisez les mains sur le cœur, la gauche dessous et la droite dessus, puis fermez les yeux. Vous devez visualiser votre cœur, en écouter les pulsations, en suivre le rythme. Vous et votre cœur formez une seule entité. Regardez-le et figez votre regard sur l'arbre ramifié qui se dresse au centre, bien enraciné dans votre poitrine. À présent, regardez les branches, les feuilles et les fleurs tandis qu'elles s'épanouissent en vous. Ce sont vos nerfs, les veines, les artères, ce labyrinthe de chemins où court la vie.

Votre cœur est l'arbre sacré des désirs et vous êtes le tronc et les branches. Écoutez vos pulsations et fixez un groupe de colombes posées sur les branches.

Ce sont les oiseaux de la paix et chacune d'entre elles porte dans son bec une petite branche, un désir enfermé dans votre cœur qui, une fois exaucé, vous rendra la paix que vous cherchez. Appelez une des colombes, prenez-la dans le creux de vos mains et approchez-la de votre cœur afin que ce dernier puisse lui raconter les secrets qu'il renferme. Puis donnez-lui un baiser et laissez-la prendre son envol. Elle volera et travaillera pour vous, pour que votre désir soit exaucé.

Si vous préférez quelque chose de plus essentiel, de plus rigoureux, vous pouvez aussi préparer un petit carton avec le *yantra* de Anahata (le cercle renfermant l'étoile à six pointes, entouré des douze pétales), en noir d'un côté et en couleur, tout en rouge, de l'autre.

Commencez par le Kriya, la respiration qui nettoie le Chakra qui, à mesure que la *sadhana* progresse, devient de plus en plus complexe. L'air inhalé avec une inspiration profonde doit maintenant être expiré par douze petits souffles, par les narines. À présent, visualisez le *yantra*, en fixant d'abord l'image en noir et blanc pendant quelques minutes. Lorsque vous fermerez les yeux, elle se reproduira spontanément dans votre champ visuel ; regardez ensuite l'image rouge et fermez les yeux : grâce à la complémentarité chromatique reconstituée par votre esprit, elle vous apparaîtra dans sa juste tonalité : le vert attribué à Anahata par la tradition.

Vishuddha Chakra

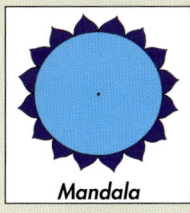

Mandala

Nom sanscrit: Vishuddha.

Signification: purification.

Position: plexus pharyngien, gorge.

Mots clés: son, voix, mot, écoute, expression, vérité.

Fonctions: communication, créativité, connaissance.

Rotation: à droite pour l'homme, à gauche pour la femme.

Tattva: akasha.

Couleur du tattva: gris azuré, pourpre, bleu, turquoise.

Forme du tattva: cercle.

Nombre de pétales: seize.

Couleur des pétales: bleu.

Lettres devanagari: am, am, im, im, um, um, rim, rim, lrim, lrim, em, aim, om, om, aum, aham.

Syllabe sacrée: ham.

Voyelle: ehh.

Note de musique occidentale: sol.

Note de musique indienne: Pa.

Musique: chant, son du coquillage.

Divinités correspondantes: Ganga, Sarasvati, Shakini, Panchavaktra.

Caractéristiques psychiques: communication, spiritualité, créativité.

État intérieur: symbolisation.

État extérieur: vibration.

Durée du sommeil: 5-6 heures.

Position du sommeil: alternativement sur le côté gauche et sur le côté droit.

Actions: parler.

Obstacles: aversion, timidité, embarras, attachement.

Glandes: thyroïde, parathyroïde.

Parties du corps: gorge, bronches, oreilles, cou, épaules, bras.

Sens: Ouïe.

Maladies physiques: mal de gorge, torticolis, trachéite, amygdalite, otite, rhume, problèmes de l'ouïe.

Maladies psychiques: phobies, terreur, tendance à mentir, timidité, fermeture, rigidité, inhibitions.

Vayu: udana.

Âge: 32-37 ans.

Plan: Jana Loka (plan de l'homme).

Planètes: Budha (Mercure), Varana (Neptune), Guru (Jupiter).

Signes zodiacaux: Gémeaux, Verseau.

Métaux: étain.

Nourriture: fruits.

Parfums: benjoin, encens, sauge, eucalyptus, lavande, jacinthe, musc, patchouli.

Couleurs: bleu, bleu ciel, pourpre, gris argent.

Pierres: lapis-lazuli, aigue-marine, sodalite, calcédoine, saphir, turquoise.

Animaux: éléphant, taureau, lion.

Force en œuvre: vibration sympathique.

Yoga: Mantra yoga.

Guna: rajas.

Direction: centre.

Fleurs de Bach: Gorse, Oak, Rescue Remedy, Rock Water, Wild Oat.

Son nom complet est Vishuddikaya Chakra, dérivant du sanscrit *shuddi*, « purifier ». Mais quel est l'objet de la purification ? Lorsque l'énergie subtile remonte jusqu'à Vishuddha, considéré comme « la porte de la Grande Libération » (*mukti*), pour en mériter l'accès il faut avoir suffisamment purifié sa propre qualité vibratoire.

Dans la partie postérieure de la tête, il existe un centre appelé Bindu, lieu de production d'un fluide subtil, nectar ou poison selon la qualité de la conscience. Ce fluide est dirigé vers une cavité située au-dessus du voile du palais et, de là, il est acheminé à Vishuddha, où il est purifié et raffiné. De plus, toutes les substances toxiques, internes ou externes, peuvent être neutralisées par ce Chakra. Mais s'il n'est pas actif et s'il n'a jamais été réveillé, le fluide, au lieu de se sublimer en nectar, se transforme irrémédiablement en poison mortel. C'est pourquoi Vishuddha est également appelé « Chakra de l'immortalité » et peut entraîner, selon l'état, une mort rapide, par l'action des toxines, ou bien une vie très longue.

Si les trois premiers Chakra sont encore liés au rapport avec soi-même, Anahata servant de point de rencontre entre le haut et le bas, seul Vishuddha, le premier des Chakra supérieurs, permet, à travers la communication et les mots, d'entrer complètement dans la sphère du transpersonnel, dans le rapport avec les autres, le social, le dialogue avec les niveaux les plus élevés de soi-même. Ce n'est pas un hasard si la planète régissant Vishuddha est Jupiter, en sanscrit Guru, le « maître », garant de sagesse et d'élévation, conformément aux normes universelles.

Les quatre éléments cosmiques se fondent dans le cinquième, l'éther. La terre se dissout dans l'eau et reste dans le deuxième Chakra en tant qu'essence de l'odorat. Ensuite, c'est le tour de l'eau, évaporée par le feu, dont il reste uniquement l'essence du goût. Puis le feu disparaît, éteint par le souffle de l'air, qui ne laisse derrière lui que l'essence de la vision. Enfin, l'air disparaît également, car il rentre dans l'*akasha*, c'est-à-dire l'éther, la quintessence incolore, inodore, insipide, impalpable et informe, libre de toute contingence, où il se transforme en son pur : le son de l'univers où toute musique est jouée sans musique et chaque mot est prononcé sans utiliser les mots. Alors les pensées et les sens liés aux éléments ne constituent plus un problème, car la vraie sagesse, la connaissance cosmique, va au-delà, elle coordonne tout le reste, au-delà des limites spatiales ou temporelles et des conditionnements culturels ou héréditaires.

C'est grâce à Vishuddha que l'homme ordinaire, devenu un initié, accède pour la première fois à la sagesse, grâce à laquelle il meurt intérieurement sur le plan humain pour naître une seconde fois dans le divin. Si, comme il est écrit dans les Veda, « au début fut Brahma avec qui il y eut les mots », cela signifie que le son a un potentiel créatif sans égal. Il agit sur la matière, il la détruit, il la transforme, car tout vibre, bien qu'à des vitesses différentes, tout est rythme et c'est pourquoi tout peut être considéré en termes d'énergie, propre à exercer une action spécifique sur la matière comme sur la conscience. À travers sa propre vibration, un Chakra actif peut réveiller une personne paresseuse et inactive et la transformer. Or, la dimension de Vishuddha n'est pas celle des mots ni de la voix. C'est le son du silence, le bruit « blanc » qui se manifeste seulement lorsque tout le reste se tait : les mots, les voix, les bruits, la musique, mais aussi les pensées, les souvenirs, les attentes, les craintes.

Le son et le silence s'unissent en Vishuddha et forment un couple extrêmement puissant, car ils exercent sur la conscience un effet transmutant surprenant. Il s'agit là du principe sur lequel est fondée la technique du *mantra*, la répétition des sons sacrés, capables de transformer une horde de pensées informes et confondues en un schéma bien structuré de qualité vibratoire élevée. Par ailleurs, d'après la musique hindouiste, l'univers entier n'est que son, et dans chaque élément, chose ou organe, apparaît une représentation symbolique, une figure géométrique (*yantra*), un son-grain (*bija*) des énergies qui le composent. Alors le jeu devient très simple : il suffit de vocaliser de façon rythmique le *bija* ou le *mantra* pour entrer en résonance avec chaque composant du monde créé, jusqu'à le dominer.

On raconte que le contrôle suprême des lettres sacrées est dans les mains de la déesse Kali, la terrible compagne de Shiva qui détruit la vie en effaçant des pétales des Chakra. Privée de son essence, le son, aucune chose ne pourra continuer d'exister. Mais, si les consonnes concernent plutôt le côté matériel de l'existence, les voyelles représentent le volet plus spirituel. Et il n'est pas étonnant qu'elles apparaissent dans les pétales du cinquième Chakra, centre du son et, par extension, centre de la vie.

■ Aspect physique et caractère

Sur le plan physique, Vishuddha correspond à la gorge, aux cordes vocales, aux oreilles et à l'ouïe, ainsi qu'aux bronches, aux bras et à la glande thyroïde, qui régit la vitesse et les modes de transformation de la nourriture-matière en énergie-esprit et l'utilisation de cette dernière. Si les émotions et les sentiments sont sélectionnés et maîtrisés au niveau de Anahata, c'est seulement avec le cinquième Chakra qu'ils se manifestent pleinement. Ici s'exprime tout ce qui est vivant en nous, les larmes et le rire, la joie et la douleur, l'amour, l'agressivité et la peur.

La personne sensible à la fréquence de Vishuddha a une voix capable de pénétrer celui qui l'écoute au point d'en modifier les pensées, les réactions et la façon d'être. Elle tend à dormir peu de temps, 5 ou 6 heures au maximum, en se tournant alternativement sur le côté gauche et sur le côté droit ; elle aime écrire, parler, communiquer ses pensées, ses sentiments et ses émotions les plus intimes. Elle apprécie la récitation, la composition de poèmes ou la rédaction de récits, mais ne néglige pas la littérature et la musique sacrée, avec une prédilection pour la danse. Il s'agit en somme d'une personne réfléchie mais indépendante et insensible aux préjugés.

Elle accorde beaucoup de place à ses propres pensées et communique volontiers et sans frein car, sûre de ce qu'elle a élaboré, elle ne craint pas le jugement des autres ni ne se laisse influencer par les opinions d'autrui si ces dernières ne correspondent pas aux siennes. C'est pourquoi elle n'a pas de scrupules à dire non, ou à montrer ce qu'elle est vraiment, sans s'abriter derrière un masque ou un bouclier protecteur ; elle laisse percevoir sans affectation ni orgueil ses propres points forts, qu'elle met volontiers au service des autres, mais elle ne cache pas non plus ses faiblesses.

Toutefois, elle ne se limite pas à parler ; le rapport de Vishuddha avec l'ouïe la rend prête à écouter les problèmes d'autrui ainsi que les messages subtils, les informations, les intuitions venues des hautes sphères, qu'elle est en mesure de capter de l'éther pour ensuite les traduire et les retransmettre à qui ne possède pas des antennes très développées.

À table, cette personne peut sembler difficile : elle ne mange pas beaucoup, exclut rigoureusement la viande et les aliments préparés ou artificiels. Elle préfère les fruits et les légumes, surtout sous la forme de potages, jus ou mousses.

À l'âge où l'influence de Vishuddha se manifeste le plus, c'est-à-dire entre 32 et 37 ans, les limites de l'existence sont désormais établies. Après avoir conquis son indépendance de la famille d'origine, gérant les problèmes de sa propre famille ou sur le point d'en créer une, on abandonne les anciennes contraintes, les règles imposées, pour établir sa propre norme intérieure, sa propre vérité.

C'est à cette période que l'on conclut la phase initiale de réception, celle de la formation et de l'apprentissage, pour accéder à la phase active, où l'on commence à se distinguer, en formulant des opinions et des idéaux qui seront ensuite transmis aux enfants et aux petits-enfants. Cette transmission n'est pas à la portée de tous : en Inde, elle est réservée au *guru*, le maître spirituel qui a dû expérimenter et apprendre la vie avant de se proposer à son tour comme guide. Contrairement à ce qui se passe en Occident, sa mission ne prévoit pas de récompenses ; il diffuse le savoir, car ainsi, il satisfait son propre *dharma* et s'acquitte de sa dette vis-à-vis des maîtres qui lui ont fait partager leur enseignement.

Le cinquième Chakra est le point de rencontre de deux plans d'énergie, le plan horizontal, celui de la vie, de la naissance jusqu'à la mort, et le plan vertical, c'est-à-dire l'échange entre le ciel et la terre, les rapports entre l'homme et le divin. Il va sans dire que le bon fonctionnement de Vishuddha représente une condition fondamentale pour une vie satisfaisante et significative en termes d'évolution. Mais il suffit d'un grain de sable et que l'étincelle divine s'éloigne du champ visuel pour qu'immédiatement on se sente confus, bloqué, loin de l'objectif, prisonnier d'une anxiété – ce que traduisent sensation physique d'étouffement, amygdalite, otite, rhume et extinction de voix.

■ Fonctionnement en excès

Lorsque la Kundalini s'écoule sans obstacles jusqu'à Vishuddha et, après avoir rempli le Chakra, trouve un obstacle qui l'empêche de continuer son chemin, le niveau d'énergie monte dangereusement, comme un fleuve qui déborde d'un barrage devenu inefficace. À ce moment, elle peut se diriger dans deux directions différentes : une attitude et un langage impulsifs et inconsidérés, incapables de contrôler les réactions ; ou bien, dans l'excès contraire, un régime de dépression et de fermeture de la sphère mentale, où l'on nie aux émotions le droit d'exister, à moins qu'elles soient en accord parfait avec les opinions et les schémas des personnes proches. Alors, la culpabilité devient le sentiment dominant, le gardien du seuil qui empêche d'exprimer son véritable ego, toujours caché derrière une façade d'apparence trompeuse.

Des phrases interrompues ou prononcées avec trop de véhémence ; des silences défensifs ou trop de mots employés pour convaincre ou attirer l'attention ; un langage trop formel ou au contraire bruyant et grossier ; que vous vous montriez très fort ou très réservé, presque transparent, pour cacher vos faiblesses, le stress est néanmoins énorme, insupportable.

Le vrai problème avec un blocage énergétique du Chakra de la gorge est le manque d'ouverture vers le haut. On se cantonne dans l'espace réduit de la prison intérieure, simplement parce que le contact avec le divin, où réside la liberté, inspire encore trop de crainte.

■ Fonctionnement déficient

Timidité, discrétion, crainte de se faire remarquer et d'exprimer ses propres opinions. Lorsque le Chakra de la gorge n'est pas assez actif, le premier instinct est d'échapper au contact du social et de cacher complètement son ego.

Lorsqu'il essaie de partager quelque chose avec les autres en exprimant ses sentiments et ses pensées les plus intimes, celui qui souffre de ce manque se sent comme étranglé, comme si une main invisible essayait de l'étouffer. Alors la voix devient elle-même étranglée et le balbutiement quasi inévitable.

Incapable de se focaliser sur des objectifs et des opinions, on se laisse entraîner par les autres, prêt à partager les opinions du plus fort. Le problème est que l'individu, se sentant hors de portée de son âme, ne s'estime pas suffisamment pour croire à ses intuitions, ces messages subtils que le cœur continue de lui envoyer. Le risque qu'il court en vieillissant est un manque de souplesse difficile à supporter pour lui-même et pour les autres, ainsi que des opinions sur la vie extrêmement limitées et sectaires, car il est incapable de s'élever au-delà des limites de la matière.

■ Le symbole

Imaginez un lotus bleu à seize pétales, portant l'inscription en pourpre de toutes les voyelles de l'alphabet sanscrit. Si l'on pense que le chiffre seize n'est que le carré de quatre et que les pythagoriciens considéraient le chiffre quatre comme le symbole de la connaissance universelle, l'impératif de Vishuddha devient très clair : se développer intérieurement, prendre conscience de soi-même.

Dans certaines représentations, on voit au centre du symbole un triangle renversé, représentant le feu générateur et transformateur, qui contient un cercle (la sphère de la pleine lune mais aussi l'unité non divisée qui précède et se trouve en toute chose). Sur le cercle, on distingue les caractères dorés de la syllabe *ham* : c'est le symbole lunaire du *nada*, le pur son cosmique, le bruit « blanc » qui s'inscrit sur le silence et laisse deviner la respiration de l'univers à l'intérieur et à l'extérieur de nous-mêmes. Ainsi, finale-

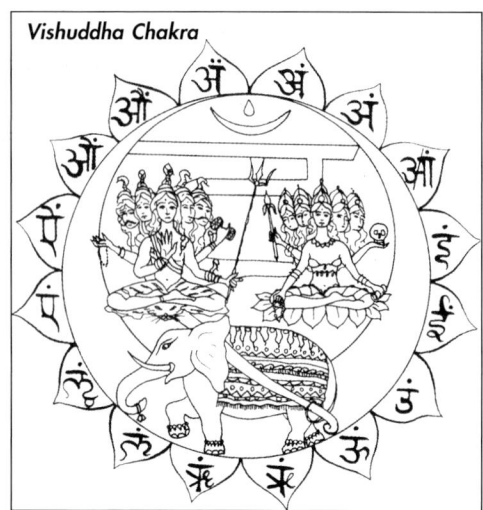

Vishuddha Chakra

ment détachée, grâce à la pratique de la méditation, des voix quotidiennes, l'âme rétablit le contact primitif avec le Tout et l'esprit surmonte les obstacles de l'inconscient, où le passé, le présent et le futur coïncident. Lorsque l'énergie est suffisamment purifiée, des phénomènes spontanés et souvent indésirés commencent à se produire, que la parapsychologie classique définit comme clairvoyance, précognition, rétrocognition, télépathie, et sur lesquels la lune, maîtresse des intuitions et des rêves, exerce une action impulsive très importante.

En bas du symbole se trouve l'éléphant blanc Gaja, maître des herbivores, qui véhicule l'énergie vers le plan humain, Jana Loka, où Vishuddha travaille. Avec ses grandes oreilles et son allure royale, Gaja synthétise l'impératif de la connaissance et de la conscience, qu'il garde en lui depuis l'origine du monde grâce à la patience, à l'harmonie et à la mémoire prodigieuse des anciens savoirs de la terre. C'est pourquoi les sept trompes de l'éléphant Airavata, véhicule du premier Chakra, ont disparu. À leur place, la trompe unique représente le pouvoir du son pur, garant de libération.

C'est en effet Gaja, et non Airavata, le symbole du cinquième *tattva* : l'élément éther qui est en même temps la quintessence des quatre autres et la scène de leur interaction, leur onde porteuse, l'espace dans lequel ils se rencontrent, interagissent, s'unissent et se détruisent réciproquement, le fondement d'où chacun d'eux surgit et vers lequel il revient lorsque son cycle d'activité se termine pour laisser la place à un autre, dans l'alternance cosmique éternelle où chaque force succède à d'autres.

Prenons l'exemple de l'eau. Lorsque l'eau gèle et se transforme en glace, les autres éléments, le fluide et le feu, disparaissent, ils se retranchent dans l'éther pour laisser place au solide. Mais il suffit que la glace soit en contact avec la chaleur pour que le solide revienne à l'éther, alors que l'eau et la chaleur se manifestent à nouveau. Cette synthèse cosmique se reflète dans la divinité principale qui régit Vishuddha.

Tous les éléments se fondent en effet en un seul, tous les aspects de l'univers se réunissent en Panchavaktra Shiva, Shiva aux cinq aspects, au teint bleu camphre et aux cinq visages, chacun pourvu de trois yeux et mis en relation avec l'un des cinq sens et des cinq éléments : Aghora, au visage rond, symbole de l'éther, aux yeux grands ouverts par la colère ; Ishana, aux traits ronds, symbole de l'eau ; Mahadeva, dont le visage ovale fait allusion à la terre ; Sadashiva, dont le visage carré rappelle la nature de l'air ; et enfin Rudra, au visage triangulaire comme la flamme qu'il représente. Panchavaktra a quatre bras et quatre mains ; avec la première, il exécute la *mudra* qui libère des craintes ; avec la deuxième, il égrène le *mala* ; avec la troisième, il tient le tambour *(damaru)*, et avec la dernière, le trident de Shiva, symbole du pouvoir sur les trois mondes : matériel, psychique et spirituel.

Il est accompagné par Shakini ou Gauri, la belle aux cinq visages splendides, au teint rose pâle, portant un sari bleu ciel et un corsage vert. Comme la méditation sur Panchavaktra aide à comprendre les limites de chaque élément, car il meurt en se multipliant pour renaître en tant qu'unité, le travail spirituel sur Shakini offre au pratiquant les connaissances les plus élevées et les *siddhi* magiques, c'est-à-dire les pouvoirs surnaturels du yoga qui dépassent les limites du temps, de l'espace et des lois physiques de la matière.

Avec ses quatre mains, Shakini tient en même temps un crâne, symbole du détachement de l'homme du monde illusoire des sens et du contrôle des manifestations corporelles ; le bâton pour piquer l'éléphant afin que, grisé par le savoir, il ne prenne pas le dessus sur le cœur ; les livres sacrés, synthèse de l'art du bien-vivre ; et enfin le chapelet, instrument très puissant pour contrôler l'esprit, car il freine les pensées et les émotions perturbatrices et ramène doucement l'attention à la prière. Mémoire, rapidité, intuition dépendent de Shakini et, comme Vishuddha est le Chakra des rêves, beaucoup d'enseignements apparaissent directement dans les rêves ou sont élaborés pendant les phases du rêve.

■ Le réveil
du cinquième Chakra

Lorsque la méditation sur Vishuddha est conduite sérieusement et régulièrement, le changement se manifeste sur tous les plans de l'être. Les effets surprenants ne s'arrêtent pas à un regard pur, à une voix mélodieuse, à un aspect rayonnant ou à une peau plus jeune. C'est la netteté du discours qui change, la capacité de recevoir et d'interpréter les rêves et les intuitions, la perception du passé et du futur, du lointain et de l'invisible, la compréhension des lois supérieures que l'on se découvre soudain capable d'expliquer aux autres.

Ils sont donc nombreux les dons liés à l'activation de Vishuddha, dont le plus important est celui de la régénération des tissus et l'échange cellulaire, qui est facilité par le sommeil.

Ce Chakra permet de promouvoir la connaissance complète des Veda, la vision du passé, du présent et du futur, la capacité de s'accorder et de communiquer de façon télépathique avec les autres êtres. De plus, étant lié à un canal nerveux particulier, appelé Kurma-Nadhi, le « nerf qui a la forme d'une tortue », il peut réduire jusqu'à la supprimer complètement l'envie de boire ou de manger.

Pour assurer à Vishuddha un développement harmonieux, vous pouvez agir de façon très différente, d'abord par la vocalisation quotidienne du *mantra*, la pratique du bain d'air et de la contemplation du ciel étoilé, ainsi que par l'exécution des *asana*, respirations et contractions.

Mais vous ne devez pas vous arrêter là ; parlez, écrivez, jouez avec les mots ; essayez d'exprimer et de coordonner ce qui s'anime en vous, les émotions, les souvenirs, les idéaux. Dansez, chantez, sanglotez même ; en tout cas, expirez avec force chaque fois que la gorge se ferme après une émotion ou une crainte soudaine.

■ Les techniques

Exercice de concentration et de visualisation

Prenez un carton blanc d'environ 50 x 50 cm et dessinez avec un feutre noir un cercle avec seize pétales. Tournez-le et reproduisez l'image, en la coloriant en orange. Commencez par fixer l'image en noir et blanc, jusqu'à ce que vos yeux commencent à larmoyer. Fermez-les et vous verrez l'image se recomposer lentement sur votre champ visuel.

Ensuite, tournez le carton et répétez l'exercice avec l'image en couleur. Fixez-la longuement, puis refermez les yeux. Par l'effet de la complémentarité des couleurs, l'orange se transformera en bleu.

Ujjayi

C'est l'un des principaux *pranayama* ; son nom, dérivant de *ud*, « élevé », et *jaya*, « victoire », « salutation », c'est-à-dire « ce qui s'exprime à haute voix », fait allusion au fait qu'il s'agit d'une pratique rien moins que silencieuse. Selon d'autres interprétations, *ujjayi* signifierait « ce qui mène au succès », ou « le victorieux », car le thorax, pendant l'exécution, apparaît en expansion, à l'image du buste d'un guerrier. Le premier pas consiste à apprendre à bloquer partiellement la glotte, destinée à freiner l'entrée et la sortie de l'air. Contractez donc les muscles de la base du cou, près de l'insertion de la clavicule, et inspirez. La friction de l'air entraîne un son sourd et continu, qui n'est pas produit par les cordes vocales, ni par le passage de l'air contre le voile du palais, comme lorsqu'on ronfle. À ce moment, en gardant la glotte partiellement obstruée et le buste droit, inspirez profondément et essayez d'absorber la plus grande quantité d'air possible, en dilatant les côtes et en gonflant la poitrine. À la fin de l'inspiration, cessez de respirer en fermant complètement la glotte durant 1 ou 2 secondes, puis expirez lentement. Pour ce faire, ouvrez légèrement la glotte, puis contractez avec force la paroi abdominale ; l'expiration sera alors accompagnée par le même son uniforme et régulier que l'inspiration. Contractez ensuite les muscles du thorax et rapprochez les côtes, puis terminez l'exercice en baissant les clavicules sans courber le dos. À la fin de la phase d'expiration, qui doit rigoureusement durer le double de l'inspiration, retenez votre souffle 2 secondes et recommencez.

Surya Chandra Mudra :
geste du Soleil et de la Lune

Asseyez-vous, les jambes croisées, le buste droit et les épaules relâchées.

Inspirez puis, en expirant, fléchissez le cou en avant, de façon que le menton effleure le sternum.

Avec une inspiration, tournez le cou vers la droite, jusqu'à l'épaule.

Expirez et tournez-le vers l'arrière, jusqu'à la moitié du dos ; ensuite, en inspirant, tournez-le jusqu'à l'épaule gauche et enfin, avec une expiration, ramenez-le à la position de départ.

Répétez l'exercice en sens inverse.

En massant les muscles du cou et des épaules, Surya Chandra Mudra prévient les douleurs d'arthrose, fortifie la vue et élimine la migraine causée par le stress.

Simhasana : position du lion

Asseyez-vous, les jambes tendues devant vous. Pliez la jambe droite, en plaçant le pied sous le fessier gauche. Faites la même chose avec la jambe gauche, en mettant le pied sous le fessier droit. La cheville gauche devra se trouver sous la droite, les jambes croisées et les fessiers appuyés sur les talons.

Ramenez tout le poids de votre corps sur le buste et les genoux, inclinez légèrement le buste vers l'avant, en gardant les épaules bien droites. Appuyez les paumes des mains sur les genoux, en tendant les bras et en écartant les doigts. Ensuite, ouvrez la bouche et tirez la langue jusqu'au menton. Le regard vise les ailes ou la pointe du nez.

Gardez cette position durant 5 cycles respiratoires, puis arrêtez-vous et répétez l'exercice en changeant la position des pieds.

En tonifiant Vishuddha, Simhasana agit indirectement sur la gorge, la vue, l'ouïe, le foie et les voies respiratoires. Elle est très utile en cas de timidité, bégaiement, asthénie sexuelle et difficulté de concentration. Elle réduit l'obésité et l'impulsion de la soif, et agit efficacement contre les rides.

Karnapidasana :
position de la douleur aux oreilles

De la position Halasana (sur le dos, jambes tendues dépassant la tête jusqu'à toucher le sol avec les pointes des pieds, les bras le long des hanches), poussez les genoux vers le sol jusqu'à ce que la partie interne de ces derniers touche les oreilles. Les bras sont allongés au sol ou bien pliés, les mains soutenant les reins.

Outre Vishuddha, Karnapidasana concerne Anahata et Manipura. Elle soigne l'arthrose cervicale, lombaire et dorsale, relaxe le cœur, améliore la digestion et tonifie les muscles des jambes.

Adho Mukha Svanasana : position du chien, tête vers le bas

Sur le dos, les pieds légèrement écartés, appuyez les mains sur les côtés du thorax, les doigts vers la tête. En expirant, tendez les bras et soulevez le bassin du sol jusqu'à former un angle droit avec le buste et les jambes, qui restent bien tendues. La partie supérieure de la tête devra toucher le sol, les pieds seront parallèles, la plante du pied bien adhérente au sol ; le dos, les bras et les jambes seront bien tendues. Gardez cette position durant 5-10 cycles respiratoires. En exerçant une pression qui permet de rééquilibrer le corps sur quatre Chakra : Svadhishthana, Vishuddha, Anahata, et Ajna, Adho Mukha Svanasana offre de nombreux bienfaits physiques et psychiques : elle calme les crises d'asthme et les coliques de l'intestin, régularise les battements du cœur et les fonctions de la thyroïde, soigne l'insomnie, l'obésité, la sciatique, la rhinite. Il s'agit en outre d'une posture revitalisante pour le corps entier.

Viparitakaraniasana : position inversée

Allongez-vous sur le dos, les bras le long du corps. En inspirant, soulevez le bassin et les jambes tendues. Puis expirez et, en soutenant le bassin avec les mains, portez

les jambes en haut. Serrez les coudes et déplacez le poids du corps sur les bras et sur les épaules. Gardez cette position durant 5-10 cycles respiratoires, en focalisant votre attention sur la respiration. Pour terminer, expirez lentement, en ramenant le corps en position allongée sans détacher la tête du sol.

Outre Vishuddha, Viparitakaraniasana redynamise également Manipura et Anahata. Elle agit sur le système respiratoire et circulatoire, facilite la digestion et l'élimination, tonifie les glandes endocrines.

Ardha Matsyendrasana : position du sage Matsyendra

Assis, jambes tendues, soulevez la jambe gauche et placez le pied au-delà du genou droit, en gardant la plante bien adhérente au sol. Ensuite, faites en sorte que le genou droit touche le côté externe de la cheville gauche. Tournez les épaules vers la gauche de façon que l'aisselle droite se trouve presque au-dessus du genou gauche. Puis, en gardant le bras bien tendu, prenez avec la main droite la partie interne du pied gauche (le coude touchera ainsi le côté externe du genou gauche) et tendez le bras gauche vers la hanche droite. Tournez au maximum la tête vers la gauche, en gardant cette position durant 2-3 cycles respiratoires. Revenez lentement à la position de départ et répétez l'exercice de l'autre côté. Grâce à l'action stimulante exercée sur Vishuddha, Svadhishthana, Manipura et Anahata, Ardha Matsyendrasana est bénéfique pour le foie, la vessie et l'intestin. Elle stimule la diurèse, assouplit la colonne vertébrale, améliore la capacité respiratoire, réduit le mal de dos. En outre, elle tonifie le système nerveux, revitalise le corps, agit contre la cellulite et permet de contrôler le diabète.

Supta Vajrasana : position de la foudre (sur le dos)

Mettez-vous à genoux, assis sur les talons ; en gardant les genoux serrés et en appuyant les mains sur les cuisses, écartez les jambes et les pieds, de façon que les fessiers soient au milieu et touchent le sol. En expirant profondément, cambrez le buste vers l'arrière, jusqu'à ce que la tête et le dos touchent le sol. Faites en sorte que les genoux ne se soulèvent pas du sol. Terminez en allongeant les bras vers l'arrière de sorte qu'ils dépassent la tête et croisez les doigts. Supta Vajrasana concerne les cinq premiers Chakra. Elle masse les muscles des jambes, régularise le cycle menstruel, favorise la circulation, stimule la thyroïde en prévenant l'obésité ; en outre, elle tonifie le foie, le pancréas et les voies respiratoires, élimine l'anxiété et la fatigue et assure une meilleure maîtrise des émotions.

Konasana : position en angle

Debout, jambes tendues et écartées de 30-40 cm, ramenez la main droite sur la poitrine, en portant le pouce sous l'aisselle. En inspirant, penchez le buste vers la gauche et, en gardant le bras tendu, glissez la main gauche vers le bas, jusqu'au genou. Attention : ne poussez pas le bassin vers l'arrière et ne soulevez pas les pieds du sol. Le regard et le visage sont tournés vers la main gauche. Gardez cette position durant 5 cycles respiratoires, puis revenez à la position de départ tout en expirant. Répétez de l'autre côté. Avec Vishuddha et Anahata, Konasana contrôle l'appareil urinaire et rénal. Elle tonifie le foie et l'intestin, purifie les organes digestifs, améliore l'appétit. Elle réduit la graisse présente sur l'abdomen, assouplit la colonne et améliore la capacité respiratoire.

■ La *mudra*

Il s'agit du geste simple du jeune enfant qui invite au silence en appuyant son doigt tendu sur ses lèvres alors que les autres doigts restent pliés.

La personne qui fait chaque jour cette *mudra* acquiert des qualités oratoires et un esprit contrôlé et tranquille, capable d'entrer en contact avec le passé, le présent et le futur. Aucun danger ne pourra la perturber, car son harmonie avec le cosmos sera absolue et intemporelle.

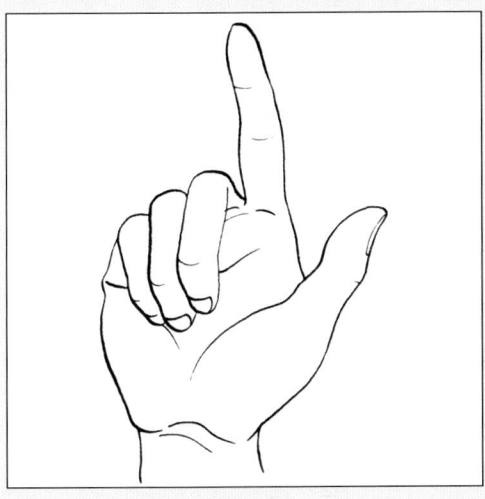

■ La nourriture

Les fruits occupent l'un des niveaux les plus élevés dans la chaîne alimentaire car, une fois mûrs, ils s'offrent spontanément en tombant par terre, à la différence de la viande, du poisson, des œufs, voire des racines, qui entraînent tout de même la destruction d'une plante. Les fruits sont la seule nourriture que nous puissions nous procurer sans avoir recours à la violence, suivant le principe yogique de l'*ahimsa*.

Riches en vitamines et en glucides simples, ils nourrissent, purifient et stimulent, avec un soin particulier pour la zone de la gorge.

Aux fruits on peut ajouter tout ce qui pousse sur la terre, et notamment les feuilles qui peuvent être coupées sans que l'on détruise la plante.

Lorsque Vishuddha est bien ouvert, le choix d'un régime rigoureusement végétarien devient inévitable. Il en résulte un corps mince, accompagné tout de même d'une voix forte et sonore.

■ La musique

Décrit dans les textes anciens comme une lettre *devanagari* dorée ou blanc nacré, à l'image de la lumière lunaire, le *bija ham* s'obtient en formant un ovale avec les lèvres et en émettant de l'air par la gorge. S'il est reproduit de façon correcte, en focalisant son attention sur le creux du cou, le son fait vibrer le cerveau et stimule le fluide cérébro-spinal vers la gorge ; ce qui, par ailleurs, donne une voix pleine et mélodieuse, parfaite pour le chant en chorale.

Vous pouvez également vous exercer à la vocalisation du son *ehh* ouvert, en l'entonnant en *sol*.

En ce qui concerne le choix de la musique à écouter, tournez-vous vers la musique sacrée ou New Age, caractérisée par des tons très hauts et par des effets d'écho très stimulants. Mais, même si elle est plaisante et relaxante, essayez de vous en passer et, si votre environnement le permet, exercez-vous à apprécier le silence. Vous pouvez commencer par une longue promenade solitaire, en vous imposant le silence pour 1, 2 ou 3 heures, jusqu'à prolonger ce jeûne de la parole pendant 24 heures, voire plus. Pour vous aider à reconnaître la voix du silence, restez à l'écoute l'oreille collée à un gros coquillage.

Vous pouvez également avoir recours à une pratique très commune dans le Laya yoga, défini comme le yoga de l'écoute intérieure. Asseyez-vous les jambes croisées, appuyez les coudes sur les genoux et le front sur les mains ; ensuite, fermez les yeux avec les auriculaires, fermez les oreilles avec les pouces et mettez-vous à l'écoute. Des sifflements, des bourdonnements, des bruissements, la voix de votre conscience surgiront du silence pour vous transmettre des messages et des certitudes.

■ Les couleurs

Bleu, bleu, le ciel de Provence : c'est ce qu'il faut pour donner un coup de fouet d'énergie à Vishuddha ; bleu ciel, bleu marine, bleu nuit, bleu de cobalt ; mais aussi turquoise, bleu pâle, bleu lavande. Il n'est pas étonnant que la psychologie de la publicité préfère le bleu, et non le rouge, pour conférer aux slogans plus d'impact. Ainsi, une tenue vestimentaire qui joue sur des tonalités allant du bleu ciel au bleu marine aide beaucoup les conférenciers, les enseignants, les écrivains et, en général, les professionnels du secteur des médias. On associe souvent l'argent au bleu, à visualiser surtout lorsqu'une inflammation à la gorge se manifeste. Une note de gris argent favo-

rise la thérapie des troubles féminins, alors qu'une nuance violette ou pourpre est plus indiquée pour les hommes.

■ Les cristaux

Le lapis-lazuli facilite l'expression, développe le talent musical et, avec la sodalite, qui lui est très proche, aide à soigner la surdité et les affections de la gorge. On peut remarquer les mêmes caractéristiques chez l'aigue-marine, étroitement liée au pouvoir de la parole et par conséquent conseillée aux journalistes, aux enseignants et aux écrivains.

Le saphir et la turquoise, garants de clarté mentale et de qualités prophétiques, sont davantage adaptés à un genre de communication plus subtil, avec des esprits ou des entités provenant d'autres mondes. Ils favorisent la transmission des connaissances et des principes spirituels et, de plus, ils accumulent de l'énergie positive en quantité suffisante pour protéger le corps et l'âme d'éventuelles attaques subtiles.

■ Les parfums

Pour les tempéraments nerveux et très anxieux, pour les personnes bavardes ayant une voix nasale, l'idéal est une touche de lavande et de jacinthe, parfaite pour apaiser Vishuddha. Lorsque le sujet présente une voix trop basse ou un esprit manquant de netteté, accompagné d'un sentiment d'insatisfaction, il faut une fragrance stimulante, comme le patchouli et le musc.

L'arôme piquant de la sauge et celui, frais et intense, de l'eucalyptus envoient également des vibrations thérapeutiques bénéfiques pour la gorge et le langage : ils permettent de libérer les tensions émotives, les sentiments réprimés et redynamisent le contact interrompu avec la voix intérieure, source de messages précieux, de conseils et d'inspiration créative.

▪ La méditation

Cherchez un coin tranquille en plein air, d'où vous pouvez contempler le ciel et sentir le vent qui vous caresse. Debout, ou bien assis par terre les jambes croisées, appuyez votre main droite sur la fontanelle crânienne, au-dessus du front, tout en portant les doigts de la main gauche sur la gorge. Visualisez un petit point azuré, qui s'élargira progressivement jusqu'à vous envelopper. L'azur pénètre dans vos narines avec l'air ; ensuite, il descend dans votre gorge, dans vos poumons, dans toutes vos veines, vos artères et vos nerfs. Vos cheveux sont azurés, votre peau est azurée, vos ongles sont azurés. Vous-même, vous êtes l'azur.

Commencez alors à vocaliser le *gayatri mantra*, doté d'un effet revitalisant particulier sur le Chakra de la gorge. Chantez-le à haute voix, en gardant les yeux fermés et, après avoir terminé, recommencez, pendant au moins 5-10 minutes. Voici le texte du *gayatri mantra* :
Om, Bhu, Bhuvah, Svah
Tat Savituh Varenyam
Bhargah Devasya Dhimahi
Dhiyah Yah Nah Prachodayat.
Il s'agit d'un hymne sacré célèbre appartenant à la tradition hindouiste, connu également en Occident pour son effet vibratoire bénéfique.

Ajna Chakra

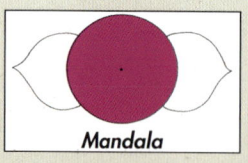
Mandala

Nom sanscrit: Ajna.

Signification: connaître, percevoir, commander.

Position: au centre de la tête, au niveau des yeux ou à peine au-dessus.

Mots clés: volonté, détermination, inspiration, esprit, complétude, intégration, synthèse, victoire sur soi-même.

Fonctions: vue, intuition, commande.

Rotation: à droite pour la femme, à gauche pour l'homme.

Tattva: radium, rayon X.

Couleur du tattva: gris-violet, indigo.

Forme du tattva: cercle ou prisme.

Nombre de pétales: deux fois quarante-huit (quatre-vingt-seize); deux dans la représentation graphique.

Couleur des pétales: blanc.

Lettres devanagari: ham, ksham.

Syllabe sacrée: om.

Voyelle: ihh.

Note de musique occidentale: la.

Note de musique indienne: Da.

Musique: pour la méditation, New Age, classique.

Divinités correspondantes: Hakini, Paramshiva.

Caractéristiques psychiques: intériorité, sagesse, observation, charisme, acceptation.

État intérieur: vision, silence, équilibre.

État extérieur: maîtrise, contrôle de soi, autoréalisation.

Durée du sommeil: 4 heures.

Position du sommeil: changeante.

Actions: voir, observer, reconnaître, commander.

Obstacles: pensées forcées, violence.

Glandes: pinéale.

Parties du corps: yeux, nez, cervelet, oreilles, système nerveux.

Sens: vue subtile.

Maladies physiques: migraines, cécité, cauchemars, tension oculaire, étourdissement, vue floue, labyrinthite.

Maladies psychiques: névroses, cauchemars.

Vayu: –

Âge: 38-42 ans.

Plan: Tapas Loka (plan de l'ascèse).

Planètes: Guru (Jupiter), Varuna (Uranus).

Signes zodiacaux: Sagittaire, Verseau, Poissons.

Métaux: argent, plomb.

Nourriture: aliments purs qui agissent sur l'esprit.

Parfums: anis étoilé, acacia, safran, violette, géranium, rose, jasmin, menthe, musc, jacinthe.

Couleurs: indigo, turquoise, cyclamen.

Pierres: lapis-lazuli, quartz, améthyste, apatite pourpre, azurite, alexandrite, sodalite, perle, saphir, fluorine.

Animaux: chouette.

Force en œuvre: optique élargie.

Yoga: Yantra yoga.

Guna: sattva.

Direction: haut.

Fleurs de Bach: Gentian, Gorse, Hornbeam, Larch, White Chestnut, Wild Oat.

Dans toutes les écritures tantriques, Ajna Chakra est représenté comme le point où convergent trois canaux : Ganga, Yamuna et Sarasvati. Ganaga est la rivière sacrée, la plus vénérée des hindous ; Yamuna est le cours d'eau auprès duquel le seigneur Krishna, une des dix incarnations du dieu Vishnu, a passé des années de sa vie ; Sarasvati est la rivière invisible car souterraine.

Au point de rencontre des trois fleuves, dans un lieu appelé Allahabad, ancien Prayag, les yogi, les maîtres et les chefs de famille vont se baigner une fois tous les 12 ans, quand, selon la légende, l'eau se transforme en nectar purificateur.

Dans le yoga, si Muladhara est la source et les autres Chakra des croisements, Ajna Chakra est le Prayag des courants énergétiques, la confluence des trois Nadhi principales, Ida, Pingala et Sushumna. Quand l'esprit y plonge, il en sort purifié, transformé et doté de la prise de conscience qui lui faisait défaut.

En effet, Ajna dérive de la racine sanscrite *Jna*, « connaître », « obéir » ou « suivre ». Littéralement, cela veut dire « Chakra du commandement », mais il est également connu comme le Chakra du *guru* car c'est là qu'habite le *guru* intérieur, le maître invisible, le seul que nous devrions suivre. C'est ici que le maître extérieur entre en contact avec le maître intérieur, et la commande n'est plus adressée aux autres mais à soi-même. Mais pour que cela ait lieu, pour que s'allume l'étincelle, il faut se dépouiller de son ego individuel, des distractions de l'esprit, des désirs, des angoisses, des préoccupations, et atteindre le vide.

Pensez à un verre plein d'eau. Comment pourriez-vous y verser du bon vin s'il est rempli d'eau jusqu'au bord ? Pour boire le vin, il convient de jeter l'eau, de vider le verre. De cette façon seulement, il y aura de la place pour le vin. Mais ce n'est pas assez. Que la conscience, qui atteint le vide, s'assoupisse, devienne statique, et la lumière ne s'allumera pas. Il ne suffit pas d'avoir le verre de vin devant soi : maintenant il faut que le cerveau, qui coordonne les actions, commande à la main de le saisir et de le porter à la bouche. La même chose se produit sur le plan subtil au réveil ; la commande arrive de Ajna Chakra, à travers la voix du maître intérieur.

■ Aspect physique et caractère

Il n'est pas étonnant que le centre du pouvoir se trouve juste au milieu de la tête, la région du mental, en correspondance directe avec la glande pinéale, à peine au-dessus du cervelet. Puisque c'est justement le mental, la pensée, le discernement qui représentent son champ d'action, il ne peut qu'éclore, parvenu presque au terme du parcours d'évolution comme la dernière étape de la montée de la Kundalini.

La pensée et la matière ne sont que les deux faces de la même réalité, l'énergie. Avec une différence : la pensée est une énergie très subtile, qui vibre à des vitesses élevées ; la matière est concentrée et lente, elle est une forme énergétique plus basse et perceptible à travers les sens.

Quand le magicien, le chaman, le yogi en possession des *siddhi* matérialisent ou dématérialisent les objets, ils ne font que changer le « voltage » de l'énergie-pensée, en augmentant ou en ralentissant la vitesse. Mais même à des niveaux moins élevés d'évolution, dans la vie de tous les jours, le pouvoir de la pensée devient évident : chaque fois qu'il nous arrive juste ce que nous craignions, chaque fois que, souhaitant du mal à quelqu'un, nous voyons ensuite qu'il a des problèmes ; chaque fois que nous pensons de manière positive et réalisons tout ce que nous voulions, nous accomplissons inconsciemment un petit acte de magie mentale. La pensée, baignée de volonté, est tellement puissante qu'elle se réalise à travers l'éther. Nous sommes ce que nous pensons. Tout ce qui existe, comme l'affirment les écrits de tous les peuples, a été pensé, visualisé par l'Absolu qui, en prononçant leur nom, leur a donné la vie.

Le premier pas pour créer quelque chose est de le penser et de le visualiser comme s'il existait ; mais il y a un risque : si la qualité de la pensée n'est pas pure, avec les images désirées, à réaliser, d'autres peuvent s'infiltrer – les peurs, la haine, toutes les passions négatives. Un pot de peinture peut être une invention formidable s'il est utilisé pour peindre les murs, mais il devient une calamité entre les mains d'un peintre maladroit. Il en est de même pour la pensée, si elle est visualisée grâce à Ajna Chakra que les Indiens appellent « le troisième œil », l'œil de l'esprit, l'œil qui, en « voyant », crée : c'est une arme puissante et merveilleuse mais très dangereuse

si elle tombe entre les mains de personnes incapables de l'utiliser.

Voilà pourquoi Ajna est destiné à éclore à la fin d'un très long parcours : afin de bien penser, et donc pour créer le meilleur, il faut une personne évoluée, qui soit déjà purifiée et qui ait déjà extrait, taillé et poli le diamant encore informe et obscur qui dort comme une divinité prisonnière en chacun d'entre nous. Les *mantra* et les *yantra* peuvent nous apporter une aide précieuse dans cette tâche en nous mettant en garde contre des dispositions dangereuses : sons à répéter et images symboliques à visualiser enchaînent doucement la pensée et la canalisent dans la direction désirée.

Dans la vie de tous les jours, lorsque Ajna est actif, on commence généralement à exercer une fonction de guide dans le domaine professionnel. Quelle que soit la profession, l'expérience cumulée confère une certaine autorité. Il arrive souvent que l'on soit interpellé par les plus jeunes, moins expérimentés, ou de catalyser l'attention grâce au charisme acquis. Vers la quarantaine, le chemin à parcourir est désormais tracé. Il est vraiment rare qu'à cet âge on ne sache pas quelle direction donner à sa vie, tant du point de vue professionnel que sur le plan de la famille – et de fait, ces personnes vivent généralement assez mal cette situation d'incertitude, se morfondent dans des sentiments de culpabilité et de défaite, ou bien attribuent leurs frustrations à des causes extérieures : les parents, un partenaire inadapté ou le mauvais sort.

Beaucoup de couples traversent une phase critique à cet âge, quand les choix adoptés et les résultats obtenus commencent à être de nouveau analysés et mis en discussion ; c'est alors que, devant la somme des expériences vécues, on éprouve un sentiment d'égarement, une incompréhensible insatisfaction. Même quand la famille, la carrière et l'aspect financier semblent aller pour le mieux, on se rend compte qu'il manque encore quelque chose. C'est l'appel de l'esprit, de ce monde intérieur négligé jusqu'ici, tant on était occupé à se construire une existence solide et satisfaisante.

À présent que les objectifs primaires sont remplis, que l'on est en mesure de mener une vie agréable et d'assurer sa descendance, qu'on a une maison au bord de la mer, une voiture, de belles vacances, la promotion de directeur, tout cela ne suffit plus. On connaît beaucoup de monde, on est entouré de parents, collègues et amis, pourtant on se sent toujours seul, un peu étourdi, comme si tout ce qu'on avait construit comptait tout à coup très peu, comme si la chasse au trésor avait débouché sur une impasse. C'est parce que le trésor est ailleurs, ailleurs que dans les choses matérielles et tangibles que nous avons largement accumulées.

Ajna, la dimension de la connaissance et de la renonciation, nous fait entendre ses raisons. Mais si le bateau a été bien construit, il franchit sans dégâts les flots de l'incertitude et retrouve sa route. La connaissance est désormais comme un éclair d'intuition, on voit les situations avec la clarté qui fait dire à ses proches : « Comme tu es devenu sage ! »

Et si pendant les phases précédentes, on n'a compté que sur ses propres forces, en luttant pour parvenir au but, à présent on commence à apercevoir le dessein de l'Absolu, le Grand Architecte des mondes qui régit d'en haut nos vies.

Il en découle une nouvelle prise de conscience, la confiance dans l'univers où tout a un sens précis et quoi qu'il arrive, même des événements douloureux. Voilà pourquoi parmi les couleurs de Ajna, sur une base indigo, ressortent le jaune, l'azur et le violet, liés respectivement à la connaissance rationnelle, à l'intuition et aux facultés extrasensorielles.

Sur le plan physique, Ajna agit sur le cerveau, le système nerveux, les yeux, les oreilles, les sinus, tous les organes et les fonctions qui tendent à poser des problèmes après 40 ans. Voilà qu'apparaissent les premiers signes de presbytie, les maux de tête, les vertiges, les bourdonnements d'oreilles dus au stress ; ce sont là des signaux envoyés par Ajna qui picote, tire, et voudrait éclore, mais…

Et en effet, dans notre société, il est rare de rencontrer des gens dotés d'un « troisième œil » complètement ouvert, garant d'un état de parfaite conscience. Mais la recherche orientée vers le subtil, la découverte des valeurs de l'intuition, de l'idéalisme et de l'imagination au détriment d'un froid rationalisme, dans le sillage des thèmes New Age qui continuent d'attirer de plus en plus de gens, signalent que chez certains individus,

Ajna Chakra est activé et commence à fonctionner de manière harmonieuse.

Se manifestent alors les étincelles de l'intuition, la capacité de percevoir les différents plans de l'être, les mille facettes de la réalité à travers les symboles, au-delà des apparences, ce qui était autrefois une prérogative de quelques initiés. Les méditations, les visions, les rêves, les perceptions commencent à faire partie du quotidien, en dépassant les limites du temps et de l'espace de la pensée courante. Rien ne semble plus être impossible, chaque chose a sa raison d'être et la clé de sa réalisation, dans le respect de l'ordre naturel de l'univers.

■ Fonctionnement en excès

Le premier signe d'un mauvais fonctionnement du sixième Chakra est une sensation de lourdeur au niveau de la tête, un développement disproportionné des facultés intellectuelles au détriment des autres plans de l'être : sensoriel, émotionnel, affectif. L'analyse peut être objective et pénétrante, mais elle manque de l'étincelle, cette capacité d'observer la réalité de plusieurs points de vue et enfin d'en haut, pour la voir dans son ensemble. Alors on risque de devenir arrogant, en méprisant tout ce qui ne passe pas par les voies du rationnel et qui ne peut être démontré scientifiquement.

Les rêves, les intuitions, les visions, la faculté extrasensorielle, tout ce qui échappe au contrôle rationnel est renié avec force, fait l'objet de dérision, est

éloigné soigneusement — une réaction trop excessive pour être naturelle, qui cache en fait une forte attirance, et une peur encore plus grande, pour l'invisible. La foi pour le subtil ne manque pas toujours, au contraire ; le problème est que l'on essaie d'en profiter dans un but lucratif ou pour envoûter et soumettre les autres, en imposant par la magie ce que l'on veut obtenir. L'objectif devient de montrer son pouvoir ou de satisfaire ses ambitions sans s'occuper des besoins ou des droits d'autrui. Parfois encore, on ne nuit pas aux autres mais tout simplement à soi-même. Les intuitions ne manquent pas, l'imagination non plus, mais, séduit et rendu euphorique par la nouveauté de l'expérience, on a tendance à forcer la main, à passer avec trop d'entrain la frontière du réel. Alors, une fois les derniers contacts avec la réalité coupés, le risque de perdre le centre, de s'égarer dans des illusions stériles, au milieu des projections imaginaires de l'esprit, devient de plus en plus grand.

■ Fonctionnement déficient

C'est le cas chez la plupart des matérialistes, des scientifiques fortement ancrés à leurs principes, de tous ceux qui, par rigidité ou par crainte, refusent de se passer, ne serait-ce qu'une fois, de leur vision du monde pour essayer d'adopter un autre point de vue. La seule réalité acceptable paraît donc être la réalité matérielle directement perceptible à travers les sens physiques, mesurable et contrôlable grâce aux instruments techniques et scientifiques ; ce qui laisse la part belle aux émotions grossières et aux désirs physiques incontrôlés.

Tout ce qui transcende le corps et la matière et va au-delà de la nourriture, du sexe, de l'argent, des apparences, est par conséquent perçu comme une perte de temps. Pourquoi gaspiller des heures en méditation, en hypothèses, en discussions sans utilité quand il faut préparer un bon dîner, astiquer la voiture ou prendre rendez-vous chez l'esthéticienne ?

Dans ce cas, les opinions s'alignent sur la mode du moment, sur la routine habituelle, mais il suffit d'un imprévu ou d'une déviation du parcours pour perdre ses repères. Les problèmes de mémoire, le raisonnement confus et vicié des émotions, les troubles de la vue et un sentiment généralisé de malaise et d'égarement sont fréquents.

■ Le symbole

Au-delà de Ajna Chakra, les trois Nadhi supérieures n'existent plus. On ne peut plus parler de Ida, Pingala, Sushumna, ni de Ganga, Yamuna, Sarasvati. La liaison entre Muladhara et Ajna Chakra (et par ce dernier, à Sahasrara), se fait directement ; voilà pourquoi dans certaines représentations, le triangle renversé, la yoni, c'est-à-dire la matrice, symbole de la créativité et de la manifestation, est présent dans les deux.

À l'intérieur de cette forme créative, il y a le Shiva lingam Itara que certaines écoles identifient à l'organe sexuel masculin,

d'autres au corps astral, selon le Tantra, l'enveloppe de la personnalité constituée de matière subtile. Or, si le lingam est de couleur or fondu dans Muladhara en raison de son contenu, la fumée, et lumineux en Sahasrara, dans Ajna, il est noir. En effet, à celui qui se concentre sur la conscience astrale à un stade non encore évolué, il se manifeste en forme vague, comme une colonne de fumée qui apparaît et disparaît. Ensuite, avec une méditation plus profonde et la victoire sur les inquiétudes de l'esprit, il semble devenir solide et se noircir, tel qu'il apparaît dans toutes les représentations des temples, car, en se focalisant sur le Shiva lingam noir, la perception résultante est une colonne blanche et lumineuse. En poursuivant la méditation, un reflet de plus en plus lumineux apparaît : c'est le stade de la conscience astrale éclairée, connu comme Jyotir lingam, un état qui peut demander des années de pratique ou bien peut se manifester par une brillance soudaine et éblouissante.

« Au début, un point lumineux va apparaître entre les sourcils, grand comme la tête d'une épingle et de couleur blanche. Ce point dans le corps subtil correspond à Ajna Chakra », disait le maître indien Shivananda à ses disciples, et il poursuivait : « Les yeux fermés, vous observerez différentes couleurs : blanc, rouge, jaune, des couleurs fumantes ou des éclairs, comme du feu et des charbons ardents, ou bien des mouches lumineuses, la lune, les étoiles, le soleil ; quand ces apparitions se manifesteront, vous vivrez entre deux plans. » « Les yeux fermés, vous

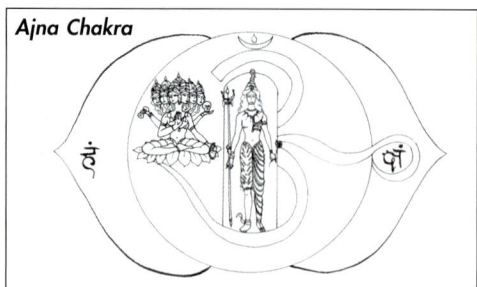

Ajna Chakra

observerez » : voilà pourquoi Ajna est appelé Shiva Netra, œil de Shiva, ou Inana Netra, œil de la sagesse. En effet, Ajna fonctionne toujours en couple avec le Chakra supérieur Sahasrara et leur activation se base sur les mêmes principes : rendre conscientes les pulsations du sang dans les différentes parties du cerveau, en améliorer la vascularisation et développer toutes les facultés qui s'y rapportent. Le symbole de Ajna est le cercle, car le cercle fait toujours allusion au vide, et le vide *(shunia)*, avec la conscience *(chaitanya)* et la béatitude *(ananda)*, caractérise le *samadhi*, l'état de superconscience de l'éclairé. C'est l'état où l'existence terrestre n'est pas perçue, n'entre pas en jeu. Voilà pourquoi au centre du cercle, de couleur gris-violet plus ou moins foncé, il y a la syllabe *om* en or, l'origine de tous les *mantra*, semblable à une flamme qui symbolise l'intellect pur.

De part et d'autre du cercle, deux pétales blancs dépassent (deux est le chiffre du couple et de la polarité en attente d'être réunis). À l'intérieur, s'inscrivent en or les symboles du soleil et de la lune, ou bien les deux lettres *ham* et *ksham*, respectivement *bija mantra* de Shiva et Shakti, unis dans la figure androgyne de

Ardhanarishvara, moitié homme (Shiva) et moitié femme (Shakti). La partie masculine a un teint couleur bleu camphre et tient un trident, symbole des trois aspects de la conscience : connaissance, volonté et amour. La contrepartie féminine a un teint rose mis en évidence par un sari rouge feu brodé d'or ; elle serre un lotus rose, symbole de pureté. Le fait qu'il n'y ait que deux pétales, le dualisme des opposés qui se concilient au milieu, a une fonction purement symbolique. Ajna, en effet, tourne si vite que ses pétales sont innombrables : les deux pétales représentent l'infini.

Si Vishuddha avait la maîtrise de l'espace, Ajna gouverne le temps. Quand l'adepte atteint ce niveau, il sort du temps humain, la contingence, pour entrer dans le temps divin : la dimension temporelle de Sadashiva, le Shiva éternel car enfin uni à sa partie féminine.

La déesse de Ajna Chakra est Hakini aux six visages rouges portant chacun trois yeux, assise au milieu d'un lotus blanc qui en souligne la pureté. La dame de la vérité incontestable, qui fait prendre conscience de l'unité réelle de celui qui observe et de l'objet observé, cachée sous l'aspect dualiste, tient dans ses mains le tambour de Shiva qui, avec le son constant et continu, guide le disciple le long du chemin ; le crâne, symbole du détachement ; le *mala* (le chapelet) instrument de concentration ; tandis que la dernière main exécute la *mudra* qui chasse la peur. Dans d'autres représentations, Hakini est accompagné de Paramshiva, qui se montre sous la forme d'un éclair, éblouissant, cristallin et pourvu de trois yeux, ou sous la forme d'une oie sauvage, l'oiseau qui vole loin dans les régions de l'esprit. Cette manifestation originale a une raison d'être : le terme sanscrit pour oie sauvage est *hamsa*, un mot de deux syllabes composé des sons *ham* et *sah*. *Ham* est le son produit naturellement par le nez pendant la phase d'inspiration, *sah* le son produit par la gorge pendant la phase d'expiration ; l'oie sauvage finit donc par s'identifier à la respiration, le *pranayama*, un des moyens les plus importants dont l'homme dispose pour permettre à la Kundalini de remonter et de contrôler le pouvoir.

■ Le réveil du sixième Chakra

La concentration sur Ajna favorise l'activité de la glande pinéale, connue également sous le vocable de « troisième œil » parce que dans le cerveau archaïque du serpent elle avait une fonction de perception – le même qui se forme chez l'embryon humain et finit par s'atrophier inexplicablement.

Mais si les hommes modernes, à cause de l'atrophie du troisième œil, sont aveugles à l'invisible, à l'aspect non matériel de la réalité, ce n'est pas une raison pour que les générations futures le soient aussi. En effet, après le fameux seuil du troisième millénaire, elles pourraient participer au réveil spirituel et culturel du Nouvel Âge.

La glande pinéale, que Descartes définissait comme « le siège de l'âme », est un petit corps rouge, en forme de pomme de pin (d'où son nom) qui atteint la maturité à l'âge de 7 ans quand, selon la tradition populaire, l'enfant entre dans l'âge de raison. Elle est restée un mystère pour la science moderne jusqu'à ce que des études récentes sur la physiologie mettent en évidence la relation entre la glande, ou plutôt sa sécrétion, la mélatonine, et les cycles de reproduction, la sensibilité à la lumière, les rythmes circadiens de sommeil-veille ainsi qu'avec toutes les perceptions extrasensorielles : les rêves, les visions, les phénomènes télépathiques et de précognition, l'écriture automatique, la communication avec d'autres mondes, connus en Occident comme « sixième sens » et en Inde comme *siddhi*, les pouvoirs supérieurs que l'on conquiert à travers la pratique du yoga. Certains yogi négligent tous les autres Chakra et se concentrent uniquement sur Ajna, car la maîtrise de celui-ci permet de contrôler tous les autres.

Ceux qui méditent sur Ajna se purifient de tous péchés et impuretés et leur aura devient tellement intense qu'elle apaise tous ceux qui les approchent. Tout le corps, et pas seulement la bouche, produit le son *om*. C'est en vertu de tout cela que l'on acquiert le pouvoir de rentrer dans le corps des autres, que l'on comprend la signification intime de la conscience cosmique et que l'on devient en mesure d'écrire des livres sacrés.

La position de Ajna dans le corps, en haut de la colonne, sous forme d'un enchevêtrement de fils, en dit long sur sa fonction : Ajna Chakra est comme une centrale électrique où a lieu l'échange entre son propre soi et celui des autres, entre le maître intérieur et le maître en chair et en os. Plus développé chez la femme que chez l'homme, ce Chakra est également très actif chez les animaux. C'est grâce à lui qu'ils captent les pensées de leur maître, ont la notion du temps et arrivent à retrouver leur chemin vers la maison, même à des centaines de kilomètres de distance – sans parler des cas les plus éclatants où, poussés par une force mystérieuse, ils préviennent leur maître d'un danger imminent et parfois le sauvent.

Puisque la concentration directe sur Ajna Chakra est difficile, dans le yoga et dans le Tantra on le remplace par Bhrumadhya, le centre placé entre les sourcils, où les femmes mariées en Inde plaçaient un point rouge et les brahmanes se mar-quaient avec de la pâte de santal. Pour en faciliter le réveil, vous pouvez masser ce point avec du baume du tigre, en faisant des mouvements circulaires dans le sens des aiguilles d'une montre, ou pratiquer la concentration sur le ciel étoilé où vous plongerez le regard sans ciller jusqu'à ce que vos yeux deviennent larmoyants. Vous pouvez aussi pratiquer Sambhavi Mudra, qui est effectuée en position assise, le dos bien droit, les yeux ouverts et le regard dirigé vers le centre entre les sourcils.

Parmi les techniques yogiques, il convient de donner la priorité aux positions renversées (tête en bas, comme Sirsasana et Viparitakaraniasana), contre-indiquées toutefois pour les femmes pendant les menstruations. Leur action est renforcée si l'on visualise et si l'on répète mentalement la syllabe sacrée *om*.

■ Les techniques

Exercice de concentration sur le *mandala* de Ajna Chakra

Procurez-vous un petit carton blanc. Au milieu, dessinez un cercle jaune avec deux pétales noirs. Pendez-le au mur à hauteur des yeux, puis asseyez-vous à environ 1-1,50 m de distance et fixez-le en y plongeant le regard. Continuez sans distraire votre attention tant que vous ne ressentirez pas une sensation de fatigue aux yeux.

À ce moment, fermez les yeux et vous découvrirez que l'image fixée se reforme immédiatement sur votre champ visuel, mais avec les couleurs complémentaires du dessin, c'est-à-dire celles qui nous sont transmises par la tradition : violet pour le cercle et blanc pour les deux pétales.

Exercices pour les yeux

Asseyez-vous, le dos bien droit, les paumes des mains sur les genoux et les jambes formant un angle droit. Fermez les yeux et concentrez-vous sur le point central de votre tête, à la hauteur des sourcils. Ensuite, ouvrez les yeux et regardez droit devant vous : levez le regard lentement, sans bouger la tête, puis tracez des yeux une verticale vers le bas, en gardant la tête immobile. Fermez les yeux et reposez-vous quelques instants.

Recommencez l'exercice en répétant les mouvements décrits, mais cette fois à l'horizontale, d'un coin à l'autre des yeux. Reposez-vous à nouveau et recommencez en déplaçant le regard en diagonale : une fois du haut à gauche vers le bas à droite et une fois du haut à droite vers le bas à gauche. Terminez par des rotations complètes des yeux dans le sens des aiguilles d'une montre et en sens contraire. Fermez à nouveau les yeux, frottez-les avec vos paumes pendant quelques instants et puis massez doucement les paupières.

Kriya pour Ajna Chakra

Kriya veut dire littéralement « purification », « nettoyage ». Et en effet, il faut souffler vigoureusement pendant l'expiration comme si l'on voulait dépoussiérer ses poumons, une fois pour chaque pétale du Chakra. Pour Ajna Chakra, inspirez lentement, en gardant le dos bien droit ; ensuite, expirez l'air introduit par les narines par deux souffles vigoureux, en marquant un petit intervalle entre les deux.

Lakini Mudra : geste de Lakini, déesse de la vertu

Asseyez-vous sur les talons unis ; en expirant, pliez le buste vers l'avant et portez les mains à côté des genoux. Avec une inspiration, soulevez le bassin et portez le poids du corps sur les mains. En expirant, allongez vers l'arrière la jambe droite et portez les mains sur le genou gauche. En expirant lentement et en tournant le buste, portez le bras droit vers l'arrière. Appuyez la main ouverte sur la jambe et regardez la paume. Gardez cette position pendant 5 cycles respiratoires, puis revenez à la position de départ en inspirant lentement. Lakini Mudra lutte contre les migraines, les bourdonnements d'oreilles, les vertiges, les troubles de la vue, éloigne les cauchemars et favorise l'intuition et les perceptions extrasensorielles.

Dharmikasana : position de la dévotion

Asseyez-vous sur les talons écartés, les gros orteils unis, puis accomplissez quelques cycles respiratoires. Concentrez votre attention sur la colonne et essayez de la visualiser, alors qu'elle s'éloigne à chaque inspiration et se détend à chaque expiration. Inspirez à nouveau puis, en expirant, inclinez le buste vers l'avant, en allongeant en même temps les bras, jusqu'à toucher le sol avec le front et le nez. Les avant-bras restent bien en contact avec le sol, les bras sont relâchés. Gardez la position pendant 10 cycles respiratoires puis, en inspirant, soulevez le buste. Terminez en vidant complètement les poumons avec une longue expiration. Outre Ajna, Dharmikasana stimule Muladhara et Manipura. Elle relaxe le dos, tonifie les abdominaux, diminue la migraine et les maux de ventre. Attention toutefois aux contre-indications : Dharmikasana doit être évitée en cas d'arthrose cervicale et de hernie discale.

Parsva Konasana : position latérale en angle

Debout, les jambes écartées, inspirez profondément et tournez le buste vers la droite ; ensuite, avec une expiration lente, pliez-le vers l'avant, jusqu'à porter le front sur le genou. Gardez la position pendant 5 cycles respiratoires, puis relevez lentement le buste et redressez-le. Répétez en respectant les mêmes temps sur le côté gauche.

Parsva Konasana agit sur le mental et sur la perception, mais assouplit aussi la colonne, les jambes, tonifie les organes abdominaux et régularise le flux menstruel.

Uttanasana : position de tension

Debout, les jambes légèrement écartées, pliez le buste vers l'avant en expirant lentement, jusqu'à saisir les chevilles (si vous le pouvez, touchez le sol avec les paumes des mains au niveau des talons). Gardez la tête droite et ne creusez pas le dos. Les jambes et les bras sont bien tendus, le regard dirigé vers le haut. À ce point, avec une nouvelle expiration, essayez d'accentuer la flexion, en pliant les coudes et le buste pour porter la tête entre les jambes. Gardez la position pendant 5 cycles respiratoires ; ensuite, redressez-vous très lentement en inspirant : tout d'abord la tête (les mains au niveau des chevilles), ensuite le buste. Grâce à son action combinée sur Svadhishthana, Manipura, Vishuddha et Ajna, Uttanasana stimule l'hypophyse, tonifie les organes abdominaux, soigne le rhume et les sécrétions trop abondantes des catarrhes, assouplit la colonne, calme les arythmies cardiaques et corrige les petites imperfections aux jambes.

Padahastasana : position des mains sous les pieds

Debout, les jambes écartées d'environ 30 cm, expirez et, sans plier les jambes, fléchissez le buste vers l'avant, jusqu'à saisir les gros orteils avec les trois premiers doigts de la main ; ou, si vous êtes plus souple, mettez les doigts sous les pieds. Gardez la position pendant 5 cycles respiratoires puis, en expirant, relevez la tête. Relaxez-vous encore un instant, puis terminez en relevant également le buste.

Grâce à la stimulation associée de Manipura et Ajna, Padahastasana agit principalement sur le plan psychique, contrarie l'angoisse et les amnésies, confère de la force mentale et physique. Elle est également utile en cas d'arthrose, de hernie, de palpitations, de dysfonctionnement du foie, des reins ou de l'appareil digestif.

Padmasana : position du lotus

Asseyez-vous, le dos bien droit et les jambes légèrement écartées. Saisissez le pied gauche et appuyez-le sur la cuisse droite, la plante du pied vers le haut. Prenez ensuite le pied droit et appuyez-le sur la cuisse gauche. Posez les mains sur les genoux, les paumes vers le haut. L'index et le pouce se touchent pour former un anneau alors que les autres doigts restent bien droits.

Padmasana favorise la relaxation, la concentration et la méditation.

Yoni Mudra : sceau du ventre

Asseyez-vous par terre les jambes croisées ou, si vous vous êtes habitué, dans la position du lotus (voir ci-dessus). Portez les mains sur le visage et fermez les oreilles avec les pouces, les yeux avec les index, les narines avec les majeurs, appuyez sur la lèvre supérieure avec les annulaires et sur la lèvre inférieure avec les auriculaires. Les coudes sont à la hauteur des épaules.

En fermant tous les canaux de liaison avec l'extérieur, Yoni Mudra isole de l'environnement en renforçant le calme intérieur, avec des effets remarquables sur le système nerveux, la perception, l'intuition et la mémoire.

■ La *mudra*

Assis, les jambes croisées ou, mieux, dans la position du lotus, pliez les bras, les paumes des mains vers l'avant, les doigts unis vers le haut.

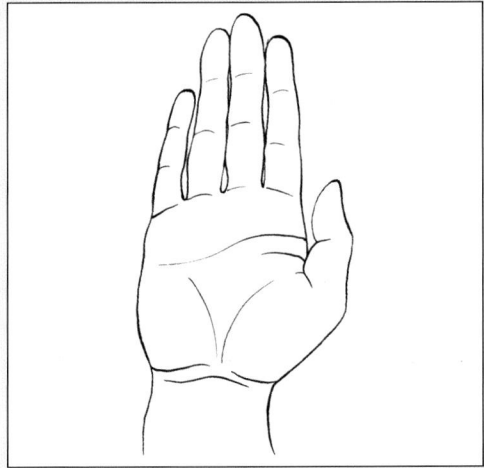

■ La nourriture

À ce stade de l'évolution, le corps est en mesure de savoir ce qu'il lui faut à chaque repas. Il s'agira, bien entendu, d'aliments purs, naturels, sans additifs ni conservateurs. Il est essentiel de se tenir éloigné de tous les excitants et des drogues qui risquent de réveiller trop brusquement le Chakra ou d'entraver un développement correct.

■ La musique

Vous pouvez écouter toute sorte de musique, propre à favoriser la méditation, New Age, classique (et notamment l'incontournable Bach), pourvu qu'il s'agisse de mélodies purifiantes et relaxantes, capables de susciter des images et des sensations cosmiques. Vocalisez fréquemment le son *ihh*, qui élève le flux de l'énergie, en le prenant en *la*.

■ Les couleurs

L'indigo est la couleur de l'arc-en-ciel qui s'adapte le mieux à la vibration de Ajna Chakra : une couleur curieuse, à mi-chemin entre le pourpre et le bleu, parfois foncée au point de sembler noire, malgré la présence de rouge et de bleu qui la caractérise. Se concentrer sur un champ indigo est un bon exercice pour le développement de Ajna Chakra, car cela fortifie et affine les sens, en donnant en même temps profondeur, sérénité, sérénité et clarté à l'intellect. Vous pouvez y ajouter la couleur cyclamen, entre pourpre et lavande, et le turquoise.

■ Les cristaux

L'améthyste appuyée sur le front régénère les états altérés de la conscience, encourage la vision et fait disparaître la pesanteur de la pensée négative. L'azurite et le saphir, en purifiant la qualité vibratoire de l'être, facilitent la communication avec les entités énergétiques, alors que la perle et la fluorine agissent comme des boucliers protecteurs contre les énergies basses, combattent la dépression et donnent sérénité et sagesse.

L'azur intense du lapis-lazuli, rappelant la couleur du ciel la nuit, stimule les facultés de perception et donne confiance dans la justice des lois cosmiques, aide à comprendre la signification cachée derrière les choses et suscite un émerveillement profond pour le miracle de la vie.

De la même façon, la sodalite apporte la sérénité, renforce le système nerveux et libère des schémas de pensées absorbés de façon automatique et désormais dépassés. De plus, elle procure l'énergie nécessaire pour soutenir ses opinions et mettre en pratique convictions et connaissances de la vie de tous les jours.

■ Les parfums

Afin de libérer les blocages et dissoudre les altérations de l'esprit, il faut la fraîcheur mercurienne de la menthe. Utilisez-la un peu partout : les feuilles dans le thé, dans les petits pois, dans les omelettes, l'huile essentielle pour parfumer les armoires, les diffuseurs et l'eau du bain ; ou bien sur des carrés de sucre de canne comme une gourmandise aidant à la digestion.

Le parfum intense du musc et celui de la jacinthe calment les excès de Ajna en stabilisant l'activité, alors que le géranium et la violette en augmentent le tonus. Quant au jasmin, sa fragrance délicate ouvre l'esprit aux visions et aux messages en provenance des autres dimensions. Vous pouvez les utiliser comme parfums pour la maison, ou bien les substituer, en les diluant avec de l'huile

d'olive, au baume du tigre à appliquer directement sur le front avec un massage circulaire.

■ La méditation

Choisissez une soirée sereine, avec un ciel profond et étoilé et asseyez-vous pour le contempler.

Afin d'assurer le flux de l'énergie du bas vers le haut, la position doit être correcte : le dos bien droit, les pieds adhérant au sol et les mains sur les genoux. Maintenant, fermez les yeux et essayez de reconstituer l'image du ciel dans votre écran mental en bleu-violet intense.

Imaginez un petit nuage de cette couleur suspendu devant votre visage et, à chaque inspiration, visualisez une vapeur bleu-violet qui vous pénètre à travers les narines, remonte par le nez et remplit lentement votre champ visuel. Commencez alors à prononcer la syllabe *om*. Pour cela, vocalisez un *a*, suivi immédiatement par un *u* nasal, de façon à en éprouver les vibrations dans le crâne. À chaque *om*, une petite étoile argentée ou un petit point s'allume dans le bleu-violet de votre champ visuel. Continuez à répéter votre *mantra* en respirant profondément, tant que votre champ visuel n'est pas rempli d'étoiles. Alors, tracez mentalement une croix de lumière blanche, puis ouvrez lentement les yeux.

Sahasrara Chakra

Mandala

Nom sanscrit: Sahasrara.
Signification: (lotus) aux mille pétales.
Position: au sommet du crâne, au niveau de la fontanelle.
Mots clés: liberté, paix, joie.
Fonctions: libérer, unifier, informer, comprendre.
Rotation: à droite pour l'homme, à gauche pour la femme.
Tattva: pensée.
Couleur du tattva: multicolore.
Forme du tattva: cercle.
Nombre de pétales: neuf cent soixante.
Couleur des pétales: multicolore.
Lettres devanagari: toutes.
Syllabe sacrée: om.
Voyelle: mm (signe anusvara dans l'alphabet sanscrit).
Note de musique occidentale: si.
Note de musique indienne: Ni.
Musique: silence.
Divinités correspondantes: Amalaka, Vishnu, Paramshiva.
Caractéristiques psychiques: béatitude.
État intérieur: abandon de soi, union avec le cosmos, perfection, illumination.
État extérieur: discipline, bénédiction.
Durée du sommeil: 4 heures.
Position du sommeil: –
Actions: transcendance.
Obstacles: obscurité, peur, doute.
Glandes: hypophyse.

Parties du corps: cerveau, crâne, système nerveux.
Sens: –
Maladies physiques: migraines, inflammations cérébrales.
Maladies psychiques: phobies, psychoses, dépression, confusion mentale, difficultés dans l'apprentissage.
Vayu: –
Âge: 43-50 ans.
Plan: Satya Loka (plan de la vérité).
Planètes: Chandra (Lune), Varana (Neptune), Rahu et Ketu (les deux nœuds lunaires).
Signes zodiacaux: Poissons, Capricorne.
Métaux: or.
Nourriture: jeûne.
Parfums: encens, fleurs de lotus, romarin, bergamote, ambre.
Couleurs: violet, blanc.
Pierres: améthyste, cristal de roche, diamant, tourmaline blanche, célestine.
Animaux: oie sauvage.
Force en œuvre: –
Yoga: Raja yoga.
Guna: sattva.
Direction: –
Fleurs de Bach: Rescue Remedy, Rock Water, Sweet Chestnut, Vervain, Walnut, Wild Oat.

Sahasrara, en sanscrit « (le lotus) aux mille pétales », est une réalité qui dépasse le plan humain. Ce n'est pas une expérience pour l'homme de la rue. Son ouverture équivaut à l'illumination du sage qui s'est identifié avec le Tout et a brisé la roue des renaissances *(samsara)*. Une couronne de lumière le prouve, que les artistes représentent comme une auréole et que les moines soulignent par la tonsure.

En réalité, les mille pétales de la tradition, car mille représente l'infini et indique une vibration très rapide, ne sont que neuf cent soixante selon la géométrie mystique du Tantra (la somme des quarante-huit pétales des cinq premiers Chakra, multipliée par les deux pétales du sixième et ensuite par dix). Chaque pétale porte l'une des quarante-huit lettres de l'alphabet sanscrit, répétée vingt fois : il s'agit d'une couronne lumineuse (d'où le nom de « Chakra de la couronne ») resplendissante de toutes les couleurs de l'iris, avec une nette prédominance du violet qui trône en haut du chef.

À l'intérieur s'ouvre une autre fleur à douze pétales, d'un blanc lumineux jaspé d'éclairs dorés. Comme le blanc résume et synthétise toutes les vibrations chromatiques de l'arc-en-ciel, ainsi Sahasrara renferme toutes les qualités énergétiques des six premiers Chakra, qui convergent en son sein et en partent pour se manifester. Là a lieu la rencontre de l'ego avec le Tout, là l'individu se fond dans l'univers et dans le principe divin originel, car en Sahasrara se trouvent enfermés toutes les formes, le réel et le virtuel, le visible et ce qui ne se manifeste pas, le point de départ vers la vie et le point d'arrivée quand celle-ci se termine. Ici seulement la connaissance intellectuelle acquise se transforme en prise de conscience réelle, car toute séparation entre le sujet et l'objet, entre le « moi » et « l'autre que moi » est définitivement annulée.

Imaginez une autoroute invisible reliant Muladhara, le Chakra de la racine, à Sahasrara, la couronne de la sommité, qui passerait par les autres villes éparpillées le long de ce parcours, c'est-à-dire les cinq autres Chakra : un courant subtil qui vous projette loin dans l'avenir, dans l'infini (le Tout), mais ne vous permette pas d'oublier le passé, qui vous êtes, d'où vous venez (l'ego).

Des échanges énergétiques ont lieu sans cesse le long de cette ligne, et ce n'est qu'en maîtrisant les deux extrémités, le haut et le bas, que l'on peut assurer le contrôle de tous les autres Chakra et de leur activation ainsi que le fonctionnement de l'organisme dans son ensemble. D'un point de vue physique, Sahasrara est localisé au milieu du crâne, à l'extrémité de la Nadhi centrale Sushumna, où se trouve la fontanelle *(brahmarandrah)* qui reste ouverte longtemps chez le nouveau-né pour faciliter le contact avec l'énergie cosmique et s'ouvre à nouveau au moment de la mort pour libérer le *prana*. Sahasrara est en effet gouverné par la lune, la planète qui, tout comme le septième Chakra est le vecteur des forces subtiles du ciel, capte, reçoit et retransmet vers le bas la lumière du soleil.

■ Aspect physique et caractère

En ce qui concerne le fonctionnement de Sahasrara, il n'existe pas de véritables blocages mais des niveaux différents de développement.

Quand le Chakra de la couronne commence à s'ouvrir, même pour de courts moments, on éprouve une merveilleuse sensation d'identification du soi avec la réalité extérieure. Il arrive alors qu'en regardant un pré, on « se sente » pré, ou qu'en regardant voltiger un papillon on « se sente » papillon.

Toute différence entre l'être individuel et le divin pur et omniprésent disparaît pour quelques instants, puis tout rentre dans l'habituelle dimension de scission. À mesure que Sahasrara se développe, ces moments magiques deviennent de plus en plus fréquents, jusqu'à se transformer en réalité permanente pour l'Illuminé. Tout cela peut avoir lieu de manière soudaine comme le déchirement d'un voile. Alors, on a l'impression de se réveiller d'un long sommeil confus pour commencer enfin à vivre. Maintenant que le verre a été vidé, prêt à recevoir la lumière divine, et que le diamant interne, enfin taillé, se prépare à la réfléchir, il n'y aura plus de retour en arrière.

À ce stade, on est en mesure de traduire en paroles et en actions les desseins du Grand Architecte. Le bien et le mal, le juste et l'injuste n'existent pas, pourvu que chaque chose atteigne la plénitude, le but pour lequel elle a été créée. Même les événements qui nous semblent désagréables ou douloureux doivent avoir lieu car ils font partie de ce dessein. Celui qui a la certitude d'avoir expérimenté l'ouverture de Sahasrara, parce que grâce à la communion avec le Tout, toutes les choses sont déjà présentes en lui dans l'attente d'être connues, a compris que la matière, les maisons, les plantes et son corps ne sont rien d'autre que des manifestations de l'énergie et n'existent pas en tant que tels. Tout ce qu'il croyait être réel n'est qu'un jeu d'illusions, une impression due au point d'où l'on observe la réalité. Mais en expérimentant le grand vide, le néant, il découvrira aussi la plénitude qui naît de cette prise de conscience.

Dans le cycle de 7 ans durant lequel Sahasrara est plus enclin à être activé, entre 43 et 50 ans, il n'y a pas de temps à perdre. Toute occasion est bonne pour acquérir des intuitions et la sensation de sa complétude. Maintenant que les fêtes et les voyages ont perdu une partie de leur attrait et que la fatigue physique commence à se faire sentir, de nouveaux espaces et de nouveaux champs d'expériences, plus subtils et plus intérieurs, s'ouvrent : des cours de méditation et de yoga, des lectures mystiques, des pèlerinages de dévotion à l'extérieur et à l'intérieur de soi-même.

■ Fonctionnement déficient

Si, en ce qui concerne l'ouverture de Sahasrara, l'excès n'existe pas, parce que plus il est ouvert, mieux c'est, l'inverse peut se produire. C'est le cas de ces individus qui, à cause d'une fermeture excessive du septième Chakra, se sentent constamment en proie à l'inquiétude, accrochés bec et ongles à ce qu'ils croient être la réalité et pourtant habités par un vide inexplicable, insatisfaits, séparés du bien-être qui découle de la prise de conscience.

Les énergies individuelles, incapables d'utiliser la gamme de leurs possibilités, ne s'harmonisent pas avec l'univers et semblent terriblement lointaines. Si l'on ne s'est pas rendu accessible à la lumière à temps, c'est-à-dire à l'époque d'activation de Sahasrara, entre 43 et 50 ans, on commence souvent alors à se demander quel est le sens de la vie, serré dans l'étau du doute de tout avoir raté, pris de peur face à la vieillesse et à la mort.

Certains réagissent en s'immergeant complètement dans le travail au point de tomber malades ; d'autres cherchent une raison d'être dans des aventures pimentées, d'autres encore partent pour d'interminables et inutiles voyages autour du monde.

En négligeant ces messages, on risque de gaspiller l'incarnation actuelle dans une existence vide et superficielle où l'accès à toute possibilité de développement reste exclu – à moins que l'on soit assez humble pour comprendre, pour se débarrasser des schémas et des valeurs jusque-là acceptés et retrousser ses manches pour l'apprentissage de l'esprit.

■ Le symbole

Neuf cent soixante pétales multicolores parmi lesquels domine le violet profond, et dans le cœur du grand lotus une petite couronne de douze pétales blancs et lumineux. Au centre de cette dernière, le disque laiteux de la pleine lune avec, inscrit à l'intérieur, le triangle renversé *(yoni)*, où réside le grand vide et où chaque chose commence et prend fin.

C'est le siège de Paramshiva, qui chevauche l'oie sauvage *(hamsa)*, symbole de l'identification entre le soi et le Tout, qui met en œuvre la béatitude suprême dans la destruction de l'ignorance et des faus-

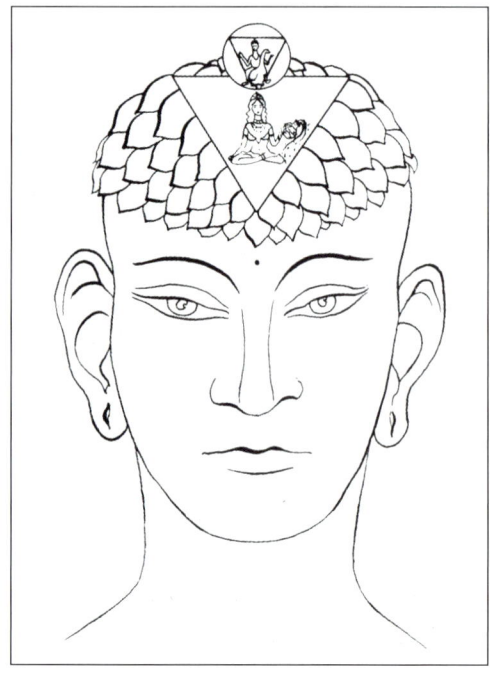

ses attaches. Dans le symbole de l'*hamsa* sont contenues toutes les formes que le divin peut prendre et parmi lesquelles le dévot doit choisir celle qui correspond le mieux à son cœur : Christ pour le chrétien, Bouddha pour le bouddhiste, Shiva pour le shivaïte, Allah pour le soufi.

L'énergie féminine Shakti resplendit ici comme Amalaka, une divinité lunaire lumineuse et éblouissante qui dispense des gouttes d'ambroisie. Ici Shiva s'unit à Kundalini et de cette union provient le nectar qui coule vers le bas. La tâche du yogi est de faire monter l'énergie serpentine Kundalini à travers les Chakra, jusqu'à Sahasrara, où l'attend son seigneur Paramshiva pour l'étreindre dans un acte d'amour. Ensuite, une fois dégustée l'ambroisie produite par leur union et après être devenue grâce à celle-ci Sat-Chit-Ananda, c'est-à-dire vérité-être-béatitude, la Shakti doit redescendre, à nouveau à travers les Chakra, pour leur donner une nouvelle vie en les aspergeant de conscience.

Qu'il reste ou non dans le corps physique, l'homme s'identifie maintenant avec son propre soi réel, au-dessus du dualisme qu'il a su concilier. Rien ne pourra plus le troubler, ni le plaisir, ni la douleur, ni les honneurs, ni la crainte, car l'illusion de l'ego individuel est définitivement effacée.

Dans la parabole indienne, un homme confond un morceau de corde et un serpent et il prend peur. Mais dès qu'il se rend compte qu'il s'agit d'une corde, la peur disparaît instantanément. L'erreur une fois découverte, la corde reconnue,

il entre dans le Tout, flotte dans l'Absolu et, même en ayant obtenu toutes les *siddhi*, il n'a plus d'intérêt à les expérimenter.

Suivant les écritures anciennes, Sahasrara est la demeure de l'âme qui brille de sa propre lumière, qui réfléchit le soi et en même temps le divin qui se réalise en chacun de nous.

■ Le réveil du septième Chakra

S'il est vrai que pour activer et rééquilibrer les six premiers Chakra nous pouvons nous appliquer intentionnellement, les stimuler, les entraîner, cela n'est pas valable pour le septième. Sahasrara dépasse la volonté, va au-delà des intentions. On ne peut que donner son consentement, s'ouvrir à la lumière, et laisser arriver ce qui doit arriver. Quand Sahasrara s'active, les éventuels blocages encore présents dans les six autres Chakra finissent par se dissiper, les pensées, les émotions, les sentiments permettant aux énergies de vibrer aux fréquences les plus élevées. Alors la respiration devient plus ténue qu'un fil, au point que si l'on met devant la bouche un miroir, la buée n'apparaît pas. La corolle lumineuse au sommet de la tête, après avoir reçu les énergies cosmiques, éclôt tout à coup et commence à les irradier.

Vous pourrez l'alimenter avec deux forces pour en solliciter l'épanouissement. La première est le merveilleux mais très difficile art du silence ; en Orient et en Occident, toutes les disciplines initiatiques débutent par un apprentissage consacré au silence. Dans le silence, toutes les idées prennent forme à l'abri de l'empressement à les exprimer et de la rapidité de la parole, on a tout le temps nécessaire pour les revoir et les élaborer. C'est seulement dans les moments de silence absolu que l'âme se réveille et se met à l'écoute de l'harmonie divine.

À cela s'ajoute une pratique vieille comme le monde : la conquête des cimes des montagnes, le chemin solitaire vers les hauteurs des chamans et des ascètes. Cette pratique est aussi proposée par le christianisme dans le pèlerinage des chemins de croix. Se taire et monter, monter et se taire, sans s'attendre à rien d'autre. Ensuite, s'arrêter au coucher du soleil et se recharger en plongeant le regard dans le disque rouge du soleil. Le reste, si cela doit se faire, se fera tout seul.

■ Les techniques

Sirsasana : position sur la tête

Approchez-vous d'un coin non meublé de la pièce, à côté du mur.

Mettez par terre une couverture pliée ou un tapis épais et agenouillez-vous dessus. Croisez les mains en coupe en les appuyant sur la couverture et, en soulevant le bassin, penchez la tête jusqu'à ce que son sommet touche le sol. Les mains entrelacées doivent entourer la nuque en la soutenant, alors que les avant-bras touchent le sol et forment un angle d'environ 60 degrés dont la tête constitue le sommet. Approchez-vous à petits pas de

votre tête, soulevez le bassin et, en expirant, donnez une légère impulsion avec les pieds et soulevez les jambes en gardant les genoux fléchis. Le mouvement doit avoir lieu pendant que l'esprit se concentre sur le nombril.

Après avoir acquis une certaine aisance dans ce mouvement, redressez lentement les jambes pour porter les pieds en haut. Gardez la position pendant 1-5 cycles respiratoires, puis descendez lentement. Restez agenouillé, la tête par terre, pendant 10 cycles respiratoires, en pressant délicatement les orbites avec les pouces, puis retournez à la position debout. Si pendant l'exécution il vous arrive de sentir des sifflements et des bourdonnements d'oreilles, cessez l'exercice pendant 2 jours.

Sirsasana tonifie tous les Chakra et possède mille vertus thérapeutiques : elle combat les anémies et les troubles circulatoires, les colites, les gastrites, le prolapsus des organes. Elle atténue les migraines, les sciatiques, les douleurs arthrosiques, calme la toux, corrige les défauts d'allure, la timidité, l'anxiété et prévient les rides. Elle renforce les facultés mentales, aide à la concentration et à l'entretien de la mémoire. Elle est toutefois déconseillée en cas de grave hypertension ou hypotension, glaucome, décollement de la rétine ou grave arthrose cervicale.

■ La *mudra*

Elle est identique à celle de Ajna Chakra (voir page 121).

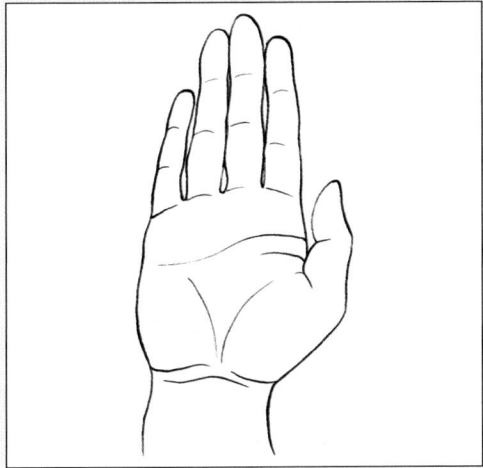

■ La nourriture

Le régime idéal pour Sahasrara est le jeûne.

Pendant 24 heures au moins, on fait abstinence complète de nourriture solide (mais on peut boire de l'eau et des tisanes), à chaque nouvelle lune et à chaque pleine lune. Chaque fois que l'on pratique un jeûne, on donne l'occasion à tous les organes de bien assimiler et de se régénérer avec une pause bien méritée. Tout le corps, les tissus, le sang, chaque cellule, bénéficient alors d'une sorte de lavage complet qui les purifie des toxines accumulées par une mauvaise alimentation ou le stress.

Il ne faut pas sous-estimer le dernier repas qui précède le jeûne et le premier qui le suit : ils doivent être légers et digestes si possible à base de céréales cuites, de jus de fruits et de légumes cuits à la vapeur.

■ La musique

Toutes sortes de musiques peuvent convenir, pourvu qu'elles soient en mesure de préparer et de conduire au silence. Vous pourrez également prononcer le son *mm*, symbole de l'unité, de la prise de conscience et de la pureté sans limite, berceau de toutes les essences et de toutes les formes, en l'entonnant en si, dans une vibration chantante et infinie.

■ Les couleurs

Violet comme la pensée, comme le ciel au crépuscule et comme le manteau des cardinaux. Violet, parce que c'est la couleur de la dévotion et de la méditation, la qualité de vibration la plus élevée de tout le spectre.

Uni au blanc, synthèse de toutes les autres fréquences chromatiques et symbole de perfection et de pureté, il amorce des transformations profondes dans l'esprit, favorise l'ouverture du septième Chakra et, en supprimant les blocages résiduels, purifie, élève, et conduit à l'expérience de l'union cosmique avec le Tout.

■ Les cristaux

Le rouge de l'activité et le bleu de la réceptivité se fondent dans la douceur énergique de l'améthyste qui transmet la sérénité, élimine les peurs et facilite la confiance et la dévotion vis-à-vis des énergies de l'univers. Le cristal de roche, la pierre de la clarté et de la clairvoyance, illumine l'âme et l'aide à se fondre avec le Tout, en la protégeant en même temps contre les attaques des énergies négatives.

Les mêmes fonctions se retrouvent dans le diamant qui élève le potentiel spirituel, la tourmaline blanche qui facilite l'abandon, la célestine qui fortifie les pétales de la couronne et réveille la tension vers le haut.

■ Les parfums

Il n'est pas étonnant que l'encens soit une fragrance privilégiée dans les rites de toutes les religions. Il purifie l'environnement, revitalise l'intellect et le conduit vers les hauteurs du divin, alors que les anxiétés et les tentations du quotidien se dissipent en un souvenir inconsistant.

De même, le parfum du lotus, la fleur merveilleuse et pure qui s'épanouit dans la boue des étangs, éloigne de toute contamination et conduit l'âme, réceptive et prête, le long du chemin qui rejoint l'Absolu.

■ La méditation

Asseyez-vous le dos bien droit, les mains sur les genoux et la plante des pieds bien adhérente au sol. Bougez lentement les mains et portez les extrémités des doigts à environ 5 cm des tempes, jusqu'à ce que vous sentiez leur pulsation. Quand vos mains auront lentement repris leur position initiale sur vos genoux, la pulsation de vos tempes continuera à vous accompagner de façon rythmique et décidée. Imaginez le son saccadé, celui de gauche identique à celui de droite, alors que graduellement ils pénètrent d'un côté et de l'autre jusqu'à s'unir en un battement unique au centre du cerveau.

Maintenant, vous devez visualiser un disque de lumière blanche flottant sur votre tête, d'où vous pourrez extraire toutes les couleurs. La première couleur est le rouge qui descendra le long de la colonne jusqu'à remplir le premier Chakra de son énergie vibrante. Revenez ensuite au Chakra de la couronne et de la lumière blanche, prélevez l'orange et faites-le descendre jusqu'au deuxième Chakra. Puis prenez le jaune que vous destinerez au troisième Chakra, le vert au quatrième, le bleu au cinquième, l'indigo au sixième, et, enfin, une lumière violette et rafraîchissante pour le septième. À présent, essayez de visualiser tous les Chakra en les imaginant comme des vortex vibrants de couleurs, pendant que les couleurs, en gouttes et en étincelles, se détachent rapidement de chaque Chakra et enrichissent de leur lumière la couronne resplendissante au-dessus de votre tête.

Surya Namaskara : la salutation au soleil

Plus qu'une posture, il s'agit d'une série complète de *asana*, à exécuter dans un certain ordre et avec un certain rythme, afin que, une fois maîtrisée, la succession d'exercices se fasse en 1 minute. Si cet exercice est exécuté chaque jour, à l'aube ou au coucher du soleil, tourné vers la lumière, il assure la stimulation et le rééquilibrage de tous les Chakra principaux. Il renforce pratiquement tous les organes abdominaux, améliore la respiration, la circulation, et oxygène le sang. Il est particulièrement indiqué pour les personnes anxieuses, souffrant d'hypertension ou déprimées, et en général pour tous ceux qui ont des problèmes de stress, d'insertion et de mémoire. Du point de vue esthétique, il prévient les rides, améliore l'allure et réduit l'adiposité des cuisses. Il régularise le cycle menstruel et, s'il est exécuté jusqu'au cinquième mois de grossesse, assure un accouchement sans complication.

1. Mettez-vous debout, les pieds unis, les mains jointes à la hauteur de la poitrine, le regard droit devant vous.

2. En inspirant, portez les mains au-dessus de la tête, puis cambrez le dos et gonflez la poitrine.

3. En expirant, penchez le buste vers l'avant, en gardant les jambes tendues et le menton contre la poitrine, jusqu'à toucher le sol avec les paumes à côté des pieds.

4. Pliez les genoux sans décoller les mains du sol, dans le même temps, inspirez et faites glisser la jambe gauche en arrière, en appuyant le genou au sol.

5. Portez, en l'étirant, la jambe droite à côté de la gauche, en joignant les pieds. Le bassin doit s'élever le plus possible de façon que les jambes et le buste forment une sorte de V retourné, les bras et la colonne bien droits. Retenez votre respiration pendant quelques instants.

6. Sans déplacer les mains et les pieds, en ne fléchissant que les bras, avec une expiration profonde, allongez-vous sur le ventre, en portant tout le poids du corps sur le front, les mains, la poitrine, les genoux et la pointe des pieds.

7. En inspirant et en tendant les bras, cambrez le dos ; les jambes restent tendues et le buste bien droit.

8. Expirez et, en faisant levier sur les mains et sur la pointe des pieds, soulevez à nouveau le bassin jusqu'à obtenir un V retourné (point 5). Retenez votre respiration pendant quelques instants.

9. En inspirant, portez la jambe gauche fléchie entre vos bras tendus (comme la droite au point 4). La jambe droite est tendue en arrière et le genou au contact du sol.

10. En expirant, portez la jambe droite vers l'avant à côté de la gauche et redressez les deux jambes, sans détacher les mains du sol (point 3).

11. Avec une inspiration, relevez le buste en tendant les mains au-dessus de la tête et cambrez le dos (point 2).

12. En expirant, revenez à la position de départ (point 1).

Les Chakra mineurs

Outre les sept centres énergétiques principaux, il en existe d'autres moins importants, insérés selon un schéma bien précis dans les différents organes : les reins, la rate, le pancréas, l'intestin, etc., ainsi que dans les mains et sous la plante des pieds.

Il arrive parfois que le réveil de ces centres mineurs soit transmis au Chakra principal le plus proche et, de là, envoyé au Sahasrara, le Chakra de la couronne, où a lieu le véritable réveil de l'énergie qui engendre l'illumination.

Il convient de mentionner en particulier le Chakra *Bindu Visarga*, qui en sanscrit signifie littéralement « chute de la goutte ». Selon la tradition, en effet, au sommet du crâne se trouve une petite cavité, une légère dépression contenant une sécrétion, également perceptible au niveau physique, le nectar que Vishuddha purifie et raffine. Dans les textes tantriques, on raconte que la lune, Bindu, produit un nectar enivrant. Dans les hymnes védiques, il appartient également au dieu de la lune Soma, masculin dans beaucoup de traditions, de préparer le nectar garant de l'immortalité.

C'est le fluide de la vie, celui qui nourrit les yogi durant les longs jeûnes, voire pendant leur inhumation volontaire qui peut durer plusieurs semaines. Pendant ces périodes, ils pratiquent le *pranayama* et, grâce à une technique appelée *kechari*, retournent vers l'arrière leur langue à laquelle ils ont coupé le filet, en la poussant jusqu'à la cavité rhinopharyngienne. Là, la langue agit comme un bouchon en provoquant la sécrétion du nectar qui nourrit et maintient en vie les tissus et interrompt en même temps tous les processus métaboliques, de façon que l'oxygène ne soit plus nécessaire.

Il s'agit tout au plus de deux ou trois gouttes de liquide au milieu desquelles se trouve un petit point, comme une petite île dans un lac. C'est ici que prennent leur origine les nerfs crâniens, et que le système visuel est alimenté ; au point que si l'énergie se bloque en Bindu Visarga, il en découle diverses pathologies oculaires comme le glaucome. Bindu se situe au sommet postérieur du crâne, où les hommes célibataires de la classe sacerdotale indienne portaient jadis la mèche, le *shikha*, attachée le plus serré possible. Bindu, dont le symbole est un croissant de lune croissante, les pointes tournées vers le haut, est relié à Vishuddha grâce à un réseau particulier de nerfs qui courent à travers la paroi interne de l'orifice nasal, en passant par Lalana, le Chakra où l'on conserve le nectar. Mais puisque ni Lalana, ni Bindu, ne sont des centres de réveil, il faut nécessairement, pour les sortir de leur sommeil, réveiller Vishuddha. Quand cela se produit, on sent un liquide froid couler le long des parois de la gorge.

Pour percevoir et réactiver Bindu, il existe aussi un moyen très simple, Ajapa Japa, la « prière sans prière ».

Confortablement assis, les mains dans la position que vous préférez, fermez les yeux. Laissez votre attention se concentrer sur votre respiration sans exercer aucune forme de contrôle. Vous devez tout simplement vous écouter respirer. Votre esprit, assailli par des multitudes de pensées, commencera probablement à vagabonder. Peu importe. Ramenez-le doucement à votre respiration, en suivant le rythme : « J'inspire, j'expire, j'inspire, j'expire », et ainsi de suite. Graduellement, avec la respiration, vous prendrez conscience du son *so aham*, qui veut dire en sanscrit « je (suis) celui-ci ». Si après un certain temps le *mantra* semble changer, laissez-le.

L'essentiel est de garder une certaine conscience sur la respiration et sur l'aspect rythmique du *mantra*. Continuez pendant 5 minutes et terminez en répétant trois fois la syllabe sacrée *om*.

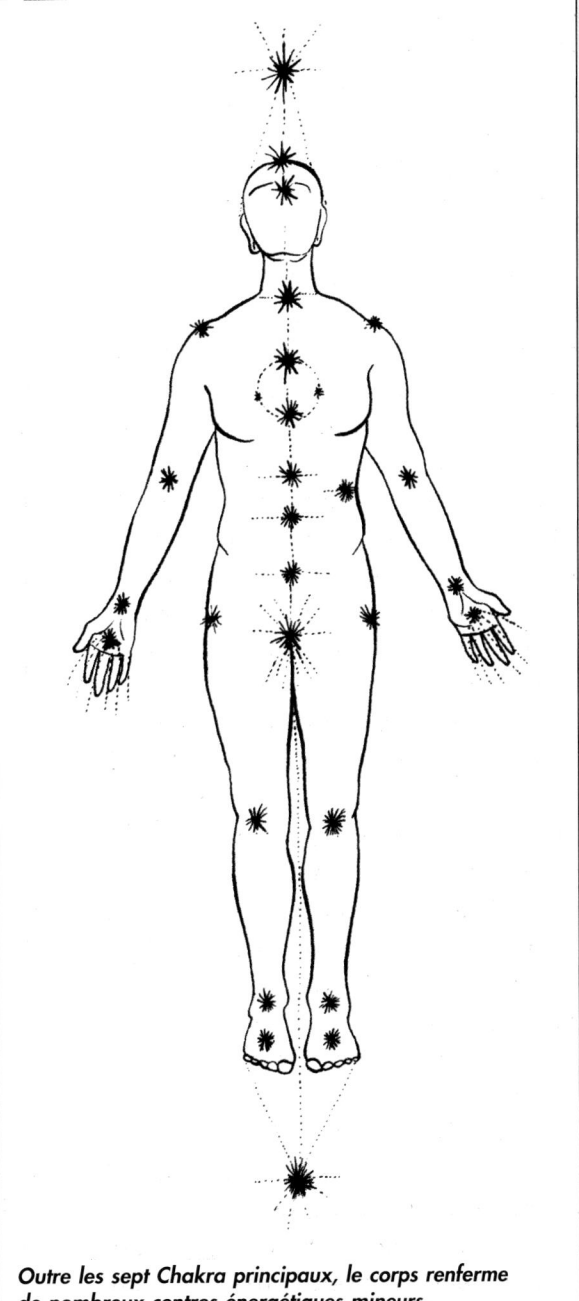

Outre les sept Chakra principaux, le corps renferme de nombreux centres énergétiques mineurs.

Les *mudra*

Ils s'assoient, immobiles et silencieux, sur les bords des rivières sacrées, dans les cavernes, dans les rues. En Inde, là où la matière et l'esprit, Prakrti et Purusha, s'assemblent dans une étreinte indissoluble, l'union avec le divin passe à travers le corps.

Les yogi et les ascètes semblent se livrer à un jeu silencieux avec leurs membres, et notamment avec leurs mains, mais en réalité ils élèvent vers le ciel les énergies subtiles, en en activant les parcours et les croisements, qu'ils définissent comme *chakra* (roue), à travers la respiration *(pranayama)*, la posture *(asana)*, la danse *(natya)*, la visualisation des symboles *(yantra)* et les gestes *(mudra)*. Ce n'est pas très différent de ce que nous faisons quand nous nous agenouillons, les mains jointes, en prière. Mais nous y ajoutons des paroles : prononcées à haute voix, chuchotées ou pensées, elles sont la substance de notre communication, le courant qui nous rapproche du divin.

En Inde, on prie souvent sans la voix, en un silence qui dépasse les sens physiques. C'est le silence des pensées, des intentions, des craintes, le vide de l'esprit qui reste inactif comme un verre vide, à l'écoute. L'exécution correcte, harmonieuse des gestes et des postures est déjà une prière en soi, car à partir de l'harmonie naît la perfection qui relie l'un au Tout.

Un proverbe indien affirme : « Les *mudra* sont dans vos mains si l'oiseau de la liberté vole dans votre esprit. » Mais pourquoi toute cette attention portée aux mains ? D'abord parce que sur celles-ci, et notamment sur les doigts, se trouvent des dizaines de petits centres énergétiques qui s'activent grâce à des gestes particuliers. Les mains sont nos antennes, les instruments grâce auxquels nous transmettons et nous recevons l'énergie subtile qui envahit toute chose et que les Indiens appellent *prana*. Ainsi, les brahmanes de la caste sacerdotale indienne se couvrent les mains quand ils prient, alors que les musulmans doivent le faire devant un supérieur et les cardinaux chrétiens en hommage au pape.

Mais il y a aussi une raison philosophique. À l'époque des Veda, vers 1500 avant J.-C., le rite jouait un rôle de premier plan dans la religion indienne.

C'était à travers l'action rituelle, c'est-à-dire en agissant, que les prêtres entraient en communication avec les plans élevés et parvenaient même, par la force de leur action, à obliger les dieux à se comporter selon leurs désirs, à exaucer leurs vœux, à descendre sur terre ou à retourner dans le ciel sur leur ordre.

L'action était devenue supérieure aux dieux, au point qu'elle pouvait déterminer à elle seule le destin des hommes. De là à la formulation des premières théories sur le *karman* (du sanscrit *kri*, « faire »), il n'y a qu'un pas : si l'action est le fondement de tout, c'est à partir de l'action, autrement dit des comportements, des choix, des erreurs accomplis dans une vie, que surgissent les bases des existences futures, dans une chaîne éternelle que seul l'accomplissement parfait de la loi intérieure, le *dharma*, arrivera à briser.

Le terme *mudra* dérive du babylonien *masaru* qui veut dire « sceau » : quelque chose qui termine et marque comme notre signe de croix ou notre « amen » qui conclut la prière chrétienne.

La tradition yogique nous transmet trois *mudra* considérées comme fondamentales pour la prière, le rite et la danse : Dhyana Mudra, le sceau de la méditation, marqué par le pouce et l'index unis pour former un anneau, alors que les autres doigts restent tendus ; Abhaya Mudra, le sceau qui éloigne toute crainte, effectué en présentant la main droite, les doigts bien ouverts vers l'avant comme dans la bénédiction papale ; et enfin Varada Mudra, le sceau qui dispense les grâces, les deux paumes vers le haut comme pour accueillir une pluie invisible.

■ La *mudra* du grand silence

Levez les bras et joignez les mains au-dessus de votre tête, en les tenant à une distance de 10-15 cm. Visualisez une petite sphère dorée au bout de vos doigts bien tendus. Observez-la tandis qu'elle se divise en deux et que chaque moitié roule lentement le long de vos bras.

Les deux moitiés de sphère représentent respectivement le silence et la voix, séparés bien qu'intimement unis. À la hauteur du cou, elles se transforment en deux étoiles lumineuses pendant qu'une troisième étoile, plus grande, brille sur votre front.

■ La *mudra* du cœur calmé

À partir de la position précédente, visualisez deux sphères lumineuses appuyées sur le dos de vos mains et observez-les pendant qu'elles se dissolvent en se transformant en lumière liquide. Écartez alors les bras vers l'extérieur sans les tendre complètement. Le bras et l'avant-bras doivent former un angle presque droit alors que les paumes des mains, tournées vers le haut comme en attente, semblent accueillir une mystérieuse pluie venant du ciel.

Visualisez maintenant deux coupes, posées sur le sol juste au-dessous de vos mains, et imaginez que le liquide tombe dedans. Du ciel descendent deux créatures ailées qui transportent les vases vers le haut. Les coupes représentent votre cœur calmé par la lumière reçue et prêt à accueillir la musique des plans élevés.

■ La *mudra* de l'esprit calmé

Étendez les bras vers l'avant, puis repliez-les de façon que les mains soient au niveau du menton, les paumes tournées vers l'extérieur et les doigts vers le haut.

Repliez légèrement les mains l'une vers l'autre et imaginez des rayons dorés qui prennent naissance au centre de la paume. Au point où les rayons se croisent, un cercle argenté se forme.

C'est l'esprit qui a reçu de la force et de l'aide venant du cœur.

■ La *mudra* de la résonance universelle du cœur

Appuyez la main gauche sur le cœur et levez la main droite au niveau du visage, la paume vers l'extérieur et les doigts bien écartés. Visualisez un éclair jaune qui, en pénétrant par le majeur, l'annulaire et l'auriculaire de la main droite, remonte comme une corde lumineuse le long du bras, du cou, des épaules, jusqu'à la paume de l'autre main qui se trouve en relation avec le cœur. Mais tout comme la force de l'univers rejoint comme une corde votre cœur, de même la corde du cœur est si puissante qu'elle peut faire résonner les parois de l'univers.

Pour cela, faites glisser la paume gauche jusqu'au plexus solaire, à la hauteur de l'estomac, alors que la paume droite reste dans la position précédente. Sous la paume gauche, visualisez une sphère de couleur gris foncé, dure et lourde. Peu à peu, sous l'effet de la chaleur, elle fond et pénètre à travers la peau jusqu'à atteindre le bras, le cou, et les épaules, pour sortir de la paume droite sous forme de lumière gris foncé.

■ La *mudra* de la pureté

Fléchissez les bras en angle droit et enveloppez vos coudes : le dessus de la main gauche sera appuyé sous le coude droit, et la main droite sur le creux du bras gauche, la paume vers le bas.

Imaginez un être de lumière assis sur le dos de vos mains, d'abord sur la droite, ensuite sur la gauche.

Inversez la position de façon que la paume droite se trouve au contact du coude gauche et que la paume gauche soit tournée vers le haut, appuyée sur le creux du bras droit.

L'entité que vous avez visualisée est maintenant assise entre vos bras, les jambes croisées, et après une étreinte purificatrice qui vous lave de toute erreur et de toute tache, sur votre front s'allument trois petites étoiles.

■ La *mudra* qui protège de la foudre

Le bras gauche est ouvert vers l'extérieur, la paume tournée vers le bas ; le bras droit est replié et le dos de la main s'appuie sur le front.

Imaginez un éclair jaillissant du ciel, venu directement du cœur de la tempête, qui frappe votre main gauche.

L'éclair rebondit sur la main droite, qui protège votre front et renvoie la foudre vers le haut. Chaque fois que vous vous sentez sans défense au cœur d'une tempête, au sens propre comme au sens figuré, exécutez cette *mudra* et vous sortirez indemne du danger.

■ La *mudra* du libre arbitre

Les bras le long du corps, pliez les poignets de façon que les paumes des mains, tournées vers le bas, soient parallèles au sol. Maintenant, visualisez des rayons blancs et rouges qui, sortant de vos mains, atteignent le sol pour rebondir vers le haut. En même temps, des ailes blanches se déploient sur vos épaules, alors que des figures angéliques font la ronde autour de vous.

Dans l'exercice de la volonté, l'intention de l'homme doit croiser le dessein divin pour finalement le rejoindre. De cette façon seulement, le but sera atteint dans le respect total de l'harmonie de l'univers.

■ La *mudra* de la grande consolation

C'est le geste de celui qui cherche la paix et aspire à la consolation de ses douleurs. En lui repose l'étincelle divine présente dans chacun de nous.

Approchez les mains en joignant seulement les extrémités des doigts, alors que les paumes restent écartées. Entre elles, il y a une sphère de lumière dorée qui tourne à une vitesse vertigineuse. La lumière s'étend graduellement jusqu'à vous envelopper dans un halo lumineux, alors que sept petites étoiles, du même nombre que les planètes, s'allument sur votre front.

Dans le calme le plus total, dit le sage, est enfermé le mouvement, tout comme dans le mouvement est déjà présent le calme qui s'ensuit.

■ La *mudra* du courage réveillé

Agenouillez-vous et asseyez-vous sur les talons, les genoux joints. Le bras gauche est replié, la paume de la main souplement tournée vers l'avant ; le bras droit reste vers le bas, la paume de la main tournée vers le haut, appuyée longitudinalement à la hauteur du nombril.

Si pour cette *mudra* les mains semblent être abandonnées dans un geste passif d'attente, derrière ce calme est déjà présent le mouvement, derrière l'abandon se rassemble déjà le courage. Par ce geste qui endort les craintes du cœur, on ranime le courage.

■ La *mudra* de l'invocation du sage qui habite le corps

Il s'agit d'une *mudra* très proche de la précédente, qu'il convient d'exécuter debout en inversant les positions des mains. C'est donc la main droite qui est tenue vers le haut, la paume vers l'avant, alors que la main gauche est posée longitudinalement à la hauteur de la taille. Imaginez une lumière dorée en forme de cylindre qui vienne percer la paume droite. La lumière y pénètre jusqu'à former derrière vous la partie postérieure d'un quadrupède, alors que votre visage prend des apparences animalières et que la corne dorée de la licorne mythique naît sur votre front.

Par cette *mudra*, vous assisterez graduellement au réveil du sage qui sommeille dans le cœur de chaque homme. Cette sagesse, qui ne meurt pas avec le corps, a la saveur du divin et ne peut être pleinement révélée qu'à travers lui.

■ La *mudra* de l'écoute de la voix de l'univers

Croisez les mains l'une sur l'autre à la hauteur des épaules, en gardant les paumes et les doigts bien détendus. Par cette *mudra*, les mains se transforment symboliquement en oreilles bien ouvertes, et en mesure de capter la musique sans notes de l'univers. Dans la vibration cosmique qui unit tous les êtres, l'un devient le Tout et le Tout redevient un.

■ La *mudra* de la confiance de l'homme face au jugement suprême

La confiance, représentée comme une attente patiente et sereine, ressemble en quelque sorte à un vase prêt à se remplir continûment à la source.

Asseyez-vous les jambes unies, et appuyez la main droite sur le cœur tandis que la paume de la main gauche protège souplement le nombril. Il s'agit là des centres les plus réceptifs de l'homme, la volonté et le sentiment, le fait de donner et de recevoir, le masculin et le féminin : la rencontre des contraires qui, seule, peut réaliser l'équilibre parfait.

■ La *mudra* de l'unicité de l'œuvre

Debout, les jambes unies, croisez le bras droit sur le gauche et saisissez le poignet gauche avec la main droite tandis que la main gauche reste pliée pour former un poing. Par ce geste, l'homme apprend à accepter les desseins divins sans tenter de s'y opposer, assuré du fait que derrière l'apparence négative des choses il y a une logique insaisissable mais juste. Une fois décochée la flèche de la connaissance qui tend à dévoiler l'inconnu, le cœur se rend à la volonté qui vient d'en haut. Comme les mains restent immobiles sur la poitrine, le cœur de l'homme cesse de vouloir l'impossible, et se contente du rôle que l'univers lui a imposé.

Appendice

Glossaire

Aditya : les sept ou douze enfants de la déesse Aditi (la puissance cosmique). Ils sont la personnification des divers aspects de la nature et de la lumière. Ils symbolisent toute la gamme des manifestations des phénomènes.

Agni : ancien roi et prêtre du feu, seigneur du sacrifice parce qu'en brûlant, il transporte vers le haut l'essence des victimes. Il ne s'agit de rien d'autre que d'un rituel de magie blanche constitué d'offrandes et de formules grâce auxquelles les dieux étaient pratiquement obligés d'exaucer les désirs des célébrants.

Airavata : l'éléphant blanc aux quatre défenses qui surgit du mélange des océans. Le dieu Indra s'en empara et en fit sa monture.

Akasha : le premier et le plus subtil des cinq éléments, associé à Brahma. Il correspond au vide, l'espace où les quatre autres éléments (terre, eau, air et feu) interagissent et, en se combinant, génèrent tout ce qui est créé.

Amrita : dans les Veda, c'est la boisson de l'immortalité, réservée aux dieux et parfois assimilée au lait et à la pluie. Selon le mythe, l'*amrita* fut produite pendant la cuisson du riz de sacrifice, mais l'aigle Garuda réussit à la voler. Dans d'autres versions, Davanthari, le médecin des dieux, surgit des océans avec une coupe de *amrita* à la main.

Annamaya kosha : corps matériel grossier, la partie la plus extérieure de l'âme, celle qui dépend de la nourriture.

Apana : une des cinq respirations nécessaires à la vie, et plus précisément celle qui pousse vers le bas les matières qui doivent sortir, et notamment l'enfant lors de la naissance (voir aussi *Vayu*).

Asana : position yoga qui permet d'atteindre le stade de méditation. Les postures de base, créées selon le mythe par le dieu Shiva, sont au nombre de quatre-vingt-quatre, mais la tradition veut qu'elles soient huit millions quatre cent mille, l'homme ne connaissant que les premières.

Aum : syllabe sacrée considérée comme le fondement et la semence de tous les *mantra*. Tout ce qui existe est donc une émanation de la syllabe primordiale ; dans ce son unique cohabitent le passé, le présent et le futur, et tout ce qui est au-delà des frontières du temps. Selon le mythe, à partir de la méditation du dieu Prajapati, sont nées les trois paroles sacrées *bhur*, *bhuvah* et *svar* (terre, éther et ciel) ; dans un deuxième temps, en méditant sur celles-ci, on obtint la syllabe *om*, qui coordonne tous les langages et représente la totalité de l'univers.

Bandha : lien, chaîne ; fait allusion à certaines positions grâce auxquelles des parties du corps sont contractées et contrôlées.

Bija : semence. C'est une syllabe mystique à répéter mentalement ou à vocaliser afin de juguler l'intellect qui a tendance à se disperser. La semence plantée dans l'intellect germe dans la concentration.

Brahma : différencié par rapport au neutre Brahman (l'Absolu), Brahma est le dieu créateur de la trinité hindouiste, le facteur d'équilibre entre des principes opposés : la conservation (Vishnu) et la destruction (Shiva).

Brahmanes : membres de la première des quatre principales castes indiennes (officiellement supprimées en 1948), celle des religieux. Suivent les ksatrya, les guerriers, dont fait partie le roi, les vaisya, les commerçants, et enfin les shudra, les serviteurs.

Brihaspati : dieu védique, seigneur de la prière, prêtre divin des dieux. C'est par eux qu'il obtient les pouvoirs magiques qui découlent du sacrifice rituel. Parmi ses fonctions figurent la récupération du bétail volé, la protection contre les démons, la purification du péché et la défense de la loi divine.

Chandra : lune. Il en existe également une version masculine, liée au dieu Soma, seigneur des astres, des plantes et des sacrifices. Son nom dérive du nectar enivrant que les anciens Aryens utilisaient pour sacrifier aux dieux. La tradition lui attribue vingt-sept époux, autant de « stations » que la lune rencontre lors de sa révolution autour de la terre, autrement dit de jours pour revenir à la phase de départ.

Chitra : une des Nadhi qui arrive à Sahasrara et à travers laquelle passe l'énergie créatrice de la Kundalini.

Dakini : êtres démoniaques de nature féminine faisant partie de la suite de la déesse Kali, qui se nourrissent de viande crue. Dans le tantrisme bouddhiste, ils convergent vers l'image de la déesse Vajravarahi, invoquée pour envoûter les hommes et les femmes.

Damaru : tambour à la forme de clepsydre, symbole du son primitif, d'où découle toute la création. C'est l'un des attributs de Shiva, quand il est représenté comme Nataraja, le danseur cosmique. Il fait allusion au rythme puissant des forces créatrices, quand l'univers commence à prendre forme. En effet, les deux cônes qui forment le *damaru*, l'un vers le haut et l'autre vers le bas, unis à leur extrémité, représentent le symbolisme triangulaire du *lingam* et de la *yoni*, de la flamme et de la goutte d'eau.

Devanagari : écriture divine, développée à partir de l'ancien style *brahmi*, avec lequel s'écrivent le sanscrit, le pracrit et l'hindi. La légende raconte qu'à la fin du monde, ceux qui connaissent le *devanagari* auront accès au paradis et ne mourront pas. Les quarante-huit lettres de l'alphabet sanscrit (correspondant au nombre de pétales des cinq premiers Chakra) s'appellent *matrika*, petite mère, parce qu'en s'imbriquant, elles créent le langage et génèrent à travers leur nom toutes les choses.

Dharma : devoir religieux ou moral, loi intérieure, habitude sociale. Du sanscrit *dhar*

« tenir », il signifie en effet « ce qui tient », l'échafaudage de l'institution. Il s'agit d'un concept dynamique, qui implique transformation et changement, caractéristiques propres aux lois naturelles. Initialement, le terme *dharma* faisait référence aux règles sacerdotales et sociales qui assuraient un contact continu entre la communauté des hommes et celle des dieux. Pour le bouddhisme et l'hindouisme de l'âge classique, par contre, il s'agit d'un principe éthique, le chemin dicté par le *karman*, qu'il convient de suivre parce qu'il fait partie d'un grand dessein universel où chacun a une tâche, un rôle et un chemin à suivre.

Gaja : l'éléphant généré à partir de la chair non utilisée par les sept enfants de Aditi quand ils modelèrent leur huitième frère difforme (l'homme). Voilà pourquoi en Inde on pense que l'éléphant participe de la nature humaine, au point qu'élevé dans un but domestique, il est devenu avec le temps un symbole de pouvoir et de richesse ainsi que des nuages chargés d'une pluie bénéfique. Un caractère particulier était attribué à l'éléphant blanc qui participait aux pèlerinages et aux célébrations religieuses.

Ganesha ou **Ganapati :** dieu de la sagesse à tête d'éléphant qui, lorsqu'il est calme et glorifié, vient au secours des mortels, les aide à surmonter les obstacles et à obtenir du succès dans leur vie. Fils de Shiva et de Parvati, il naquit des onguents que la déesse avait l'habitude de répandre sur son corps.

Gauri : en sanscrit, « jaune », « resplendissante ». C'est l'une des épouses de Shiva, la vache cosmique, origine des océans et mère du monde.

Gayatri : du sanscrit *gam tri*, « triple voie » ; mètre poétique composé de vingt-quatre syllabes (en général trois vers de huit syllabes). Le plus connu, dédié au dieu solaire Savitar, doit être récité le matin et le soir par l'initié, mais est interdit aux femmes et aux serviteurs. Pour s'assurer le paradis, il suffisait de réciter mille *gayatri* et, en les répétant à l'infini, on voyait son vœu exaucé.

Guna : littéralement « lacet », il désigne les caractéristiques principales de la substance : *sattva* (équilibre, pureté, luminosité), *rajas* (activité dynamique, mouvement) et *tamas* (obscurité, passivité, inertie).

Guru : en sanscrit, « maître ». C'est celui qui donne l'initiation, un père spirituel à qui l'on doit estime, dévotion et confiance. Au *chela* (disciple), il était ainsi interdit d'épouser la fille de son *guru*, considérée comme une sœur spirituelle.

Hamsa : oie sauvage, anciennement associée au soleil, symbole de la force vitale, de la respiration cosmique. *Ham* est l'inspiration et sa l'expiration à travers lesquelles le pratiquant, en prenant son envol, s'identifie à nouveau avec Brahman, le Tout d'où il vient.

Hiranyagarbha : sein ou œuf d'or. C'est le nom du créateur, l'origine de chaque espèce, humaine ou divine, née de la lumière du soleil. Il s'identifie avec Prajapati et donc avec Brahma, le dieu créateur de toutes les formes du cosmos.

Ida : canal d'énergie qui part de la narine gauche, monte jusqu'au sommet de la tête pour redescendre à la base de la colonne. Elle transporte l'énergie lunaire et pour cette raison est également appelée « Chandra Nadhi ».

Indra : initialement le premier des dieux, le dieu qui « enflamme » avec la foudre (vajra), devenu ensuite chef de la caste guerrière des ksatrya. Il apporte le bien-être aux hommes en assurant pluie et récolte, mais punit sévèrement ceux qui n'offrent pas les dons qu'il attend.

Ishana Rudra : de la racine sanscrite is, « posséder le pouvoir », c'est l'une des épithètes du dieu Agni ou de Shiva, en relation avec la fécondité des hommes et des animaux.

Japa : répétition d'un mantra ou d'une prière, qu'elle soit orale ou mentale, suivie d'une méditation sur une divinité particulière ou sur une image symbolique (mandala ou yantra).

Jyotir lingam : immense verge de lumière, forme prise par Shiva afin de contraindre les autres dieux de la Trimurti (trinité), Vishnu et Brahma, à reconnaître sa suprématie.

Kakini : corbeau femelle, qui bouge dans le vent, la puissance féminine, la Shakti du dieu du vent Vayu. Après une lutte furieuse, elle anéantit Votula, la maladie qui rend fou.

Kama : dieu de l'amour et du désir, muni, comme l'Éros grec, d'un arc et de flèches avec lesquelles il transperce le cœur des amants. Sa compagne, Rati, incarne l'amour de l'épouse envers le mari ; sa fille, Trsna, la soif, le désir érotique que l'on ne domine pas.

Karman : initialement, action qui se suffit à elle-même, indépendante des conséquences. Plus tard, elle devint la pratique des devoirs religieux, en relation avec le sacrifice. Mais puisque l'action sacrificielle était considérée plus puissante que les dieux, tant elle arrivait à contraindre et à diriger leur volonté, le karman se transforma peu à peu en moteur des existences. En effet, puisque le résultat de l'action ne peut pas toujours se manifester dans l'espace d'une vie, ses conséquences, qu'elles soient positives ou négatives, seront évidentes dans les vies successives, tant qu'avec la pratique spirituelle on n'obtiendra pas la libération (moksa).

Krishna : en sanscrit, « noir » ; dans le mythe, il s'agit du prince Yadava, fils de Devaki et de son mari Vasudeva. Le roi tyran de Mathura, oncle de Krishna, prévenu par une prophétie qu'il serait détrôné par son neveu, fit tuer les six premiers enfants de Devaki. Mais il ne put rien faire contre le septième, Balarama, magiquement transféré dans le ventre de Rohini, deuxième femme de Vasudeva, ni contre le huitième, Krishna, élevé en cachette par un couple de bouviers, en dehors du palais royal. Devenu adulte, Krishna vengea ses frères et tua son oncle.

Dans la Bhagavadgita, célèbre poème philosophique et religieux indien, il accepte, contre son gré, de se battre contre ses cousins et symbolise la nécessité de remplir ses devoirs de caste en faisant abstraction de ses désirs. C'est seulement en suivant la loi des renaissances (*dharma*), qui a décidé l'appartenance à telle ou telle caste, et par conséquent en acceptant sereinement son propre destin, que l'âme cessera de produire un nouveau *karman*, en s'assurant finalement la libération de la roue des existences successives.

Kriya : purification des Nadhi et des Chakra effectuée à travers la respiration par un nombre variable de souffles, qui éloignent les impuretés comme s'il s'agissait de grains de poussière.

Kundalini : corde, serpent ; c'est l'énergie cosmique endormie à la base de la colonne vertébrale. Elle se réveille graduellement grâce à des techniques adaptées (*asana*, *mantra*, méditation sur le *mandala*, etc.) et remonte le long du canal central, Sushumna, en passant par tous les Chakra jusqu'au dernier, Sahasrara, qui se trouve au sommet de la tête. Alors, le soi se dilue dans le Tout et le pratiquant réalise le but ultime de la vie : l'union avec l'Absolu.

Son nom dérive de Kunda, la cavité utilisée pour allumer le feu pendant le rite, parce que c'est justement à travers la chaleur magique de l'ascension que le corps du yogi va renaître par la transmutation alchimique en homme divin, réalisé et régénéré. Kundalini est donc la mère mais, paradoxalement, ce n'est pas elle qui porte l'embryon dans son sein ; c'est au contraire l'homme qui la porte en lui, enroulée comme un serpent endormi dans un lieu secret à la base de la colonne vertébrale. Les images transmises par le tantrisme la décrivent exécutant une danse déchaînée sur le corps de Shiva, allongé en extase et contemplatif. Mais pour que la déesse qui se trouve en nous ne se disperse pas inutilement pour nous donner de la chaleur et de l'énergie, et pour qu'elle remonte doucement le long du canal central, il faut savoir la dominer et la contrôler à travers les techniques du yoga.

Kurma-Nadhi : Kurma est la tortue, symbole védique des trois mondes (ciel, éther et terre), le principe de toute chose, née à partir d'un œuf que le créateur Prajapati ouvrit et écrasa. Elle symbolise l'homme idéal, calme et méditatif. C'est peut-être la raison pour laquelle l'Inde est décrite dans la légende comme une énorme tortue tournée vers l'est. Kurma-Nadhi est également le nom d'un canal nerveux.

Lingam : signe, symbole du sexe et du pouvoir de procréation de la divinité. Il est représenté sous la forme d'un pilier en pierre blanche posé sur un piédestal (l'organe féminin *yoni*), car l'union des deux principes, le masculin et le féminin, représente l'expression la plus élevée de l'énergie créatrice.

Loka : monde ou subdivision de l'univers en plusieurs plans. À l'origine, il s'agissait d'une zone déboisée destinée à la culture au cœur de la forêt.

Mahakala : forme prise par Shiva, seigneur du temps et de la mort, pour conduire le cosmos vers la destruction finale. Dans l'astronomie hindoue, elle représente l'éclipse, le monstre dévorant le soleil et la lune.

Makara : animal mythique et aquatique identifié au crocodile. À l'origine, il avait des pattes de lion ou de chien, un corps recouvert d'écailles et une queue d'alligator. Il représente « la réalité absolue qui se concentre dans l'eau ». En outre, il est doué de pouvoirs magiques et occultes, notamment pour la fertilité des rivières et de la mer. Il est chevauché par Varuna, dieu des eaux terrestres et célestes, et par Ganga, la déesse des fleuves.

Mala : « collier » de baies ou de perles taillées dans le bois d'arbres sacrés, censé avoir des propriétés magiques grâce aux esprits qui habitent les bois et considéré comme un symbole de victoire.

Mandala : voir *Yantra*.

Mantra : paroles et formules sacrées qui constituent un véritable langage secret. Grâce à leur pouvoir de vibration élevé, elles agissent sur le plan subtil mais aussi sur la matière et peuvent guérir des maladies, faire naître l'amour, battre l'ennemi et dispenser dons et privilèges, sagesse et vertu. Tous les *mantra* proviennent des trois Samhita (récoltes), la Ric, la Yayus et la Saman, composants originels des livres sacrés du Veda.

Mudra : sceau. Il s'agit d'une posture, d'un geste qui scelle et donne une sorte de marque divine à l'énergie développée à travers la pratique.

Mukti ou Moksa : du pali *muc*, « dissoudre », « libérer » ; libération des contraintes du désir, de l'ignorance et de l'attachement qui mettent en danger l'immortalité.

Nada : son, vibration tonique qui donne vie à la réalité, trame complexe de vibrations et de résonances, sorte de point sonore unique autogénérateur (nadabindu).

Nadhi : déesse féminine de la rivière ; dans le tantrisme, elle personnifie les canaux subtils du corps par lesquels coule l'énergie vitale.

Nirvana : en sanscrit, « extinction » ; il désigne l'extinction de tout désir terrestre, et par conséquent l'obtention d'une connaissance libre de tout conditionnement et de toute illusion.

Pingala : canal d'énergie qui part de la narine droite, monte jusqu'au sommet de la tête pour descendre à la base de la colonne. Transportant l'énergie masculine, solaire, elle est également appelée « Surya Nadhi ».

Prana : voir *Vayu*.

Pranayama : contrôle rythmique de la respiration dont les phases d'inspiration, de rétention et d'expiration, alternativement par la bouche, le nez ou les narines, sont réglées selon des temps précis, de façon proportionnelle.

Prthvi : vaste ou étendue ; déesse personnifiant la terre. Selon le mythe, Vishnu soutint le ciel et fixa la terre à sa place. Selon une autre version, elle naquit du corps de Vishnu sous la forme d'un immense lotus traversé de rivières et de chaînes montagneuses.

Rudra : le rouge, le terrible. L'un des aspects de Shiva, entité bipolaire, à la fois bonne et mauvaise, qui provoque les maladies et en même temps invente le remède pour les guérir.

Sadashiva : figure céleste du dieu Shiva, autrement dit Pancanana, dieu aux cinq visages, respectivement reliés aux cinq éléments cosmiques (terre, eau, feu, air, éther), ou aux cinq points cardinaux (nord, sud, est, ouest, plus le centre qui sert de point de repère). Le cinquième visage de Shiva vibre à des vitesses très élevées, et pour cette raison n'est pas même perceptible aux yogi les plus avancés. Les cinq visages représentent ensemble la force qui crée, gère, absorbe et transforme l'univers.

Sadhana : moyen d'atteindre un but, un savoir, en particulier les pas et les exercices qui accompagnent l'adepte vers sa réalisation.

Samadhi : méditation profonde et abstraite qui mène à l'identification du contemplateur avec l'objet contemplé.

Samana : voir *Vayu*.

Samsara : lien qui unit la vie et la mort à la renaissance et aux incarnations précédentes dans une roue de vies enchaînées et dépendantes des actions effectuées dans le passé. Le lien du *samsara* qui contraint chaque être à se réincarner après la mort sous forme humaine, divine ou animale, ne peut être brisé que par la prise de conscience du caractère illusoire du monde et des désirs qui le conditionnent.

Sapta dhatu : les sept éléments, humeurs ou affections du corps.

Sarasvati : ancien fleuve de l'Inde, personnifié par une déesse. En vertu du lien étroit qui unit fertilité et purification, la tradition veut qu'en se baignant dans ses eaux et en célébrant des sacrifices sur ses rives, on se libère de toute impureté. C'est la divinité des écrivains, vénérée dans les bibliothèques par des offrandes de fleurs, de fruits et d'encens.

Savitri : personnification divine de la *gayatri*, hymne au soleil (Savitr) composé de vingt-quatre syllabes dont la récitation était jadis interdite aux femmes et aux esclaves. Épouse du dieu Brahma et mère des quatre Veda, les livres sacrés des anciens hindous.

Shakini : êtres féminins, semi-divins, faisant partie de la suite de Shiva ou Durga.

Shakti : force, énergie, puissance. Aspect féminin du principe créateur (en contraste avec le masculin passif), pouvoir d'action de la conscience, divinisé comme compagne de Shiva.

Shiva : littéralement, « positif », « bienveillant », c'est l'épithète réservée au dieu des tempêtes Rudra. On l'implore pour qu'il ne cache pas la lumière du soleil et regarde avec pitié ses suppliants. Quand, plus tard, Rudra et Shiva se séparèrent, ce dernier fut associé au trident et au culte du *lingam* (verge). Shiva a un rôle essentiel dans le processus continuel de construction et de destruction du cosmos.

Shunia : signe mathématique indiquant le zéro, parfois identifié avec l'espace (*akasha*). Du point de vue philosophique, c'est le symbole du vide, du néant, où tout trouve son origine et tout retourne.

Siddhi : en sanscrit, « heureuse obtention » ; facultés surnaturelles obtenues par la pratique yogique, certains médicaments et l'exécution de certains rituels tantriques.

Soufi : adepte du courant mystique de l'islam ; comme le yogi, il pratique l'ascèse, le silence, la méditation et la répétition de formules.

Sukra : divinité à caractère stellaire, régissant la planète Vénus. Son nom pourrait dériver de *suc*, « resplendissant », ou signifier « semence » ou « sperme ».

Sushumna : le principal canal énergétique, interne ou parallèle à la colonne vertébrale.

Svastika : littéralement, « de bon augure » ; marque d'une très ancienne tradition. La croix grecque à branches coudées renvoie en effet à l'image d'un disque en mouvement (le soleil à l'aube ou au printemps) qui, en tournant dans le sens des aiguilles d'une montre, laisse derrière chaque rayon un sillage lumineux. À ne pas confondre avec la croix gammée nazi qui a un sens sinistre car elle est orientée dans le sens inverse, vers l'obscurité (le soleil au coucher ou en automne).

Tantra : littéralement, « trame » ou « chaîne », c'est-à-dire les fils tissés sur un métier ; textes anciens composés suivant des modèles particuliers. Les adeptes du tantrisme, étroitement lié au yoga et caractérisé par des implications érotiques indéniables, poursuivent la puissance créatrice, Shakti, en combinaison avec l'énergie masculine.

Tattva : éléments subtils et évolutifs de la nature (air, feu, terre, eau et éther). En pratique, l'univers hindouiste est perçu comme une matérialisation progressive d'éléments subtils dans des formes plus grossières, perceptibles à travers les sens.

Udana : voir *Vayu*.

Upanishad : de *upa*, « supplémentaire » et *nisad* « s'asseoir aux pieds du maître » *(guru)*, de qui le disciple *(chela)* recevait le savoir ésotérique ; recueil de textes rédigés entre 700 et 300 avant J.-C. Cependant, des quelque deux cents Upanishad connus aujourd'hui, treize seulement contiennent des enseignements réellement secrets. Ils sont nés en réaction à certains enseignements trop rigoureux et ritualistes, qu'ils ont fini par influencer en donnant à la religion indienne, à l'origine très pragmatique, l'aspect mystique qui, avec le temps, est devenu une de ses caractéristiques essentielles.

Varuna : ancien dieu du ciel, gardien de l'ordre cosmique *(rta)*. Il préside en effet au mouvement cyclique des astres et à la séquence exacte des actions du rite sacrificiel. Rien n'échappe à l'attention de Varuna, qui avec son œil, le soleil, voit partout.

Vayu : divinité personnifiant le vent, à laquelle sont attribués des pouvoirs purificateurs et la rare capacité de neutraliser le mauvais sort. Ami et char du dieu Indra, qu'il promène dans le ciel dans un carrosse, il adore les fleurs blanches et reste volontiers en compagnie du bétail. Dans la médecine indienne, il peut être un démon qui habite le ventre, capable de provoquer la folie s'il n'est pas éloigné opportunément. Vayu est aussi le souffle, principe vital qui distingue l'animé de l'inanimé. Dans le corps il y en a cinq, ayant des directions et des fonctions différentes : *prana*, la respiration à travers le nez et la bouche ; *apana*, l'énergie expulsive ; samana, la circulation centrale, dans la zone du nombril ; *udana*, l'expiration ; *vyana*, diffusé dans tout le corps.

Veda : les quatre livres sacrés de la tradition hindouiste dont le plus ancien remonte à 1500-1200 avant J.-C.

Vishnu : protecteur de l'univers, incarnation de la bonté et de la miséricorde. C'est une personnification du soleil qui parcourt les sept régions de l'univers en trois pas seulement. Ce n'est que plus tard qu'il a acquis une plus grande importance jusqu'à devenir, avec Brahma et Shiva, membre de la trinité hindoue (Trimurti).

Vyana : voir *Vayu*.

Yajur Veda : un des quatre livres sacrés des anciens hindous, consacré aux formules sacrificielles, conservés et transmis exclusivement par la caste des brahmanes.

Yantra : diagramme mystique auquel on attribue des pouvoirs magiques et occultes. Il s'agit en pratique d'un graphique, fondé sur des formes géométriques, servant à stimuler le processus de visualisation intérieure. Quand la structure de base est circulaire, le *yantra* est appelé *mandala*.

Yoga : littéralement, « joindre », « juguler », dans le sens de l'union de l'esprit et du corps dans un être uni et indissoluble, capable d'œuvrer aux niveaux les plus profonds de l'inconscient, au-delà du temps, de l'espace, de la pensée et du langage ; capable aussi de libérer des courants énergétiques qui sans cela seraient bloqués. Déjà répandu aux environs de 1500 avant J.-C., bien avant l'arrivée des Arii en Inde, il présente des similitudes avec les techniques archaïques des chamans. Ses méthodes et ses ramifications sont profondément différentes. Il en existe sept, comme les planètes, les couleurs, les notes musicales, les Chakra majeurs : Hatha yoga, centré sur le contrôle du corps et des énergies vitales ; Mantra yoga, qui poursuit la réintégration à travers la répétition de sons et de formules *(mantra)* et la visualisation de schémas géométriques *(yantra)* ; Laya yoga qui conduit à l'identification avec l'objet contemplé (le Tout), à travers l'écoute du son intérieur ; Bhakti yoga, axé sur l'amour et sur la dévotion fidèle ; Jnana yoga, ou yoga de la connaissance, instrument d'unification et de réintégration avec le cosmos ; Karma yoga, qui utilise l'action désintéressée et l'observation du rite et des devoirs religieux ; et enfin Raja yoga, qui synthétise et unifie toutes les autres voies.

Yoni : organe génital féminin associé au *lingam*, symbolisant l'énergie procréatrice divine. Lorsqu'il apparaît isolé, il est en forme de vase, de coquillage ou de triangle renversé.

Dans la même collection

Le Grand Livre du Zen, Institut italien de Zen Soto Shobozan Fudenji, 2006
La Gymnastique taoïste, Louis Wan Der Heyoten, 2007
Le Grand Livre du Pranayama, S. Redini, à paraître en mars 2007
Le Grand Livre du Qi Gong, M. Gandini, à paraître en mars 2007

Table des matières

Maquette et mise en page : Nord Compo, Villeneuve d'Ascq
Achevé d'imprimer chez Grafiche Milani (Milan, Italie)
Dépôt légal : janvier 2007
Numéro d'éditeur : 9865